FAULE HABITS – Der pragmatische Leitfaden zur Schaffung wirkungsvoller Gewohnheiten

Laurent Meri

Published by LAURENT MERI, 2023.

While every precaution has been taken in the preparation of this book, the publisher assumes no responsibility for errors or omissions, or for damages resulting from the use of the information contained herein.

FAULE HABITS – DER PRAGMATISCHE LEITFADEN ZUR SCHAFFUNG WIRKUNGSVOLLER GEWOHNHEITEN

First edition. July 31, 2023.

Copyright © 2023 Laurent Meri.

Written by Laurent Meri.

Table of Contents

Möchten Sie ein kleines Geheimnis erfahren? Halten Sie es kurz.

In unserer Welt der extrem kurzen Aufmerksamkeitsspannen gilt es, das Fett zu trimmen, wenn man mit heißen Takes Aufmerksamkeit erregen will. Sicher, Wälzer sehen im Bücherregal beeindruckend aus. Aber wenn es um echte Gespräche geht, gilt: Je kürzer, desto besser.

Kurze Bücher bieten prägnante Highlights ohne langweilige Hintergrundgeschichten oder unnötigen Schnickschnack. Jeder ihrer Sätze zählt, es gibt keine verlorenen Worte.

Haben Sie eine weltverändernde Idee? Begraben Sie sie nicht unter 600 Seiten staubtrockener Prosa. Destillieren Sie diesen Brocken auf seine reinsten, minimalistischen Aspekte herunter. Filtern Sie die überflüssigen Teile heraus, wie bei einem perfekt gemixten Smoothie, um die maximale Wirkung zu erzielen.

Außerdem: Wer hat schon Zeit für lange Wälzer? Wir wollen Wissen in mundgerechten Häppchen. Mit geeigneten Büchern können Sie diese nahrhaften Informationshäppchen in wenigen Sitzungen verschlingen und so viel mehr behalten. Lassen Sie die intensiven Aromen richtig durchziehen.

Und vergessen Sie das Teilen nicht! Kleinere Ideen verbreiten sich wie ein Lauffeuer, weil jeder Zeit für eine kurze, aber beeindruckende Geschichte hat. Fragen Sie nur den Mönch mit dem Ferrari – die Weisheit seiner Zusammenfassungen verbreitete sich schneller im Internet als ein Tweet von Kanye.

Tun Sie sich selbst einen Gefallen und halten Sie es kurz. Schneiden Sie unnötige Füllstoffe weg. Kommen Sie direkt auf den Punkt und liefern Sie Ihre Aussagen mit Nachdruck.

Weniger ist mehr, wenn Sie jedes Wort sorgfältig auswählen."

Eine Anmerkung, bevor wir loslegen...

Zunächst einmal, herzlichen Dank, dass Sie sich für dieses Buch entschieden haben! Mein Ziel ist es, einen Mehrwert zu schaffen und das Leben der Menschen durch Veränderungen ihrer Gewohnheiten zu verbessern.

Wenn Sie diesen Leitfaden nützlich finden, würden Sie mir einen großen Gefallen tun, wenn Sie sich die Zeit nehmen würden, eine ehrliche positive Bewertung auf der Plattform zu hinterlassen, auf der Sie das Buch erworben haben. Hier ist, warum das so wichtig ist:

Positive Mundpropaganda ist entscheidend für die Verbreitung und den Einfluss von Indie-Büchern. Ihre Bewertung sendet den Algorithmen ein Signal, dass dieses Buch Leben verändern kann.

Dadurch kann ich noch mehr Menschen wie Sie erreichen und ihnen helfen. Mein Traum ist es, das Leben vieler Menschen durch kleine Veränderungen ihrer Gewohnheiten zu verbessern!

Aber das funktioniert nicht ohne Bewertungen von großartigen Lesern wie Ihnen. Sie sind ein AWE...SOME Leser! Wenn Ihnen dieses Buch also gefällt, dann verstärken Sie bitte das Signal mit einer positiven Bewertung. Es würde eine Menge für mich und diese Gemeinschaft bedeuten.

Das Ändern eingefahrener menschlicher Gewohnheiten ist schwer — wir brauchen jede Unterstützung, die wir bekommen können! Mit Ihrer kleinen Aktion können wir gemeinsam diese Botschaft verstärken und Veränderungen bewirken.

Außerdem könnten Sie jemanden in Ihrem Leben inspirieren, der dieses Buch ebenfalls braucht. Ein kleiner Akt der Vorleistung kann große Wellen schlagen.

Okay, vielen Dank, dass Sie überhaupt in Erwägung ziehen, Ihr Feedback zu hinterlassen. Lassen Sie uns jetzt in diese unglaublichen Verbesserungen der Gewohnheiten eintauchen!

Einführung

Was geht ab, meine Freunde! Willkommen zu dem Buch, das es Ihnen leicht macht, Gewohnheiten zu ändern. Ernsthaft - Schluss mit langweiligen Ratschlägen zu Mut und Willenskraft. Wir beschreiten den Weg der entspannten, faulen Leute zur Großartigkeit.

Sehen Sie, das Problem mit den meisten Selbsthilfe-Artikeln ist, dass sie von Anfang an strenge Disziplin predigen. Schwitzen Sie jeden Tag um 5 Uhr morgens! Bereiten Sie jede Woche Grünkohlsalate zu! Visualisieren Sie Ihre Träume durch Rituale!

Ja, sicher. Diese reglementierte Denkweise funktioniert vielleicht für 1% der ultra-motivierten Roboter. Aber für uns normale Menschen führt diese militärische Routine nirgendwo hin.

Selbst mit den besten Vorsätzen enden wir jedes Mal ausgebrannt und schauen wieder und wieder Netflix. Pfui!

Was wir brauchen, ist die Kunst der subtilen Gewohnheiten. Mikro-Veränderungen, die unser Gehirn dazu verleiten, Schritt für Schritt und auf Autopilot zu verbessern.

Ich nenne es den Jedi-Gedanken-Trick-Ansatz. Winzige Stupser in die richtige Richtung durch Psychologie, nicht durch reine Anstrengung.

Am Ende haben Sie Killer-Gewohnheiten entwickelt - und haben dabei das Gefühl, kaum etwas getan zu haben! Das ist der Traum des Faulenzers.

Dieses Buch enthüllt die 4-Regeln-Formel, um mit Mikroaktionen, intelligenter Reihenfolge, sozialer Verantwortung und der Magie des Zinseszinses Großes zu erreichen.

Folgendes werden wir behandeln:

Zuerst machen wir die Gewohnheiten mikroskopisch klein. Ich spreche von einem Liegestütz oder einer Minute Lesen zu Beginn.

Winzige Gewohnheiten umgehen den Widerstand unseres Gehirns gegen Veränderung. Und dank der Macht des Zinseszinses, stapeln sie sich viel schneller, als Sie denken.

Dann stapeln wir diese Mini-Gewohnheiten, um Schwung aufzubauen. Wir verketten sie strategisch miteinander, sodass jede einzelne automatisch die nächste auslöst.

Dies führt zu mühelosen Gewohnheitskaskaden wie an einer Schnur gezogen. Plötzlich absolvieren Sie Ihren Morgen ohne jegliche Reibung.

Wir nutzen auch den Gruppendruck zu unserem Vorteil. Erzählen Sie Ihren Freunden von Ihren Gewohnheiten, um sie zur Nachahmung anzuregen. Treten Sie Gruppen bei, um eine Gemeinschaft zu bilden. Ein kleiner Wettkampf kann weit führen!

Schließlich nutzen wir die dunkle Magie des Zinseszinses. Bleiben Sie konsequent bei Ihren Mikrogewohnheiten und Ihre Ergebnisse werden mit der Zeit exponentiell wachsen.

Aus winzigen Zinsen werden riesige Kapitalerträge. Das Posten von Blogbeiträgen führt zu Tausenden von Lesern. Mini-Gewohnheitswiederholungen verändern Ihren Körper und Ihre Fähigkeiten.

Diese Formel ermöglicht es Ihnen, Ihre Tage durch kleine Stupser und nicht durch große Umwälzungen zu steuern. Winzige Gewohnheiten erzeugen Schwung, eine kluge Reihenfolge sorgt für einen flüssigen Ablauf, sozialer Druck erhält die Motivation aufrecht und im Hintergrund arbeitet alles zusammen.

Bevor Sie es sich versehen, haben Sie Ihr Gehirn durch kleine, kluge und faule Aktionen im Laufe der Zeit dazu gebracht, einen großartigen Lebensstil zu entwickeln.

Dieses Buch zeigt den entspannten Weg zum Erfolg. Wie man Psychologie und skalierte Konsistenz nutzt, um auf einfache Weise Großes zu erreichen. Ich habe Sie im Blick!

Durch Mikroschritte und Meilensteine gewinnen Sie Selbstvertrauen und Schwung und verwandeln sich langsam in die Person, die Sie sein möchten.

Also entspannen Sie sich! Vergessen Sie die anstrengenden Selbsthilfetaktiken und erfreuen Sie sich an der Kunst der subtilen Gewohnheiten. Mit der 4-Regeln-Formel sind Sie dabei, Ihr Leben mit minimalem Aufwand erheblich zu verbessern. Lasst uns beginnen!

Kapitel 1: Kleine Gewohnheiten – „Vergiss große Ziele. Wie Gewohnheits-Mikroschritte zum Makroerfolg führen"

Freunde, träumt groß, aber fängt klein an – mikroskopisch klein

Wir alle haben große Ziele, oder? Lass dich zerfetzen wie der Fels. Schreiben Sie den nächsten Harry Potter. Lerne wie Eddie Van Halen zu shredden. Bereisen Sie die Welt in einem geschmückten Wohnmobil.

Große Träume zu verfolgen ist absolut unerlässlich! Aber der Versuch, diese Ziele durch massive Veränderungen über Nacht zu erreichen, ist ein Rezept für eine Katastrophe.

Unser faules Gehirn hasst Unbehagen und harte Arbeit. Auch wenn Sie bei der Vorstellung dieser endgültigen Vision ganz in Aufregung geraten, bricht Ihre Motivation schneller zusammen als bei einer gescheiterten Neujahrsdiät. Pfui.

Wenn Sie über den Aufwand nachdenken, der erforderlich ist, um diese Ziele tatsächlich zu erreichen, denkt Ihr Echsengehirn: „Harter Pass, mein Freund! Wir bleiben einfach auf der Couch, wo es sicher und bequem ist."

So verwandeln sich Ihre Ambitionen in Netflix-Binges und Träume verstauben wie die Gitarre im Schrank. Das haben wir alle schon durchgemacht!

Aber was wäre, wenn ich Ihnen sagen würde, dass es eine hinterhältige Geheimstrategie gibt, mit der Sie Ihr Gehirn dazu bringen können, Großes zu erreichen? Du mit mir? Es heißt ... (Trommelwirbel bitte) ... TINY HABITS!

Ich weiß, ein enttäuschender Name für solch ein kraftvolles Konzept. Lass mich dieses Baby aufschlüsseln …

Winzige Gewohnheiten sind genau das, wonach sie klingen – Gewohnheiten, die so lächerlich klein und einfach sind, dass man nicht anders kann, als sie zu befolgen. Wir sprechen von einem Liegestütz, einer Minute Meditation, einem Satz in Ihrem Romanentwurf.

Diese Mikrogewohnheiten erfordern keinerlei Motivation oder Disziplin, da sie kaum Anstrengung erfordern. Aber Beständigkeit entfaltet ihre Wirkung und diese kleinen Schritte summieren sich mit der Zeit.

Nach einem Jahr haben Sie über 300 Liegestütze gemacht, ohne es zu merken! Ihre Meditationspraxis erstreckt sich über Stunden, ohne Sie jemals zu überfordern. Und Ihr Buch schreibt sich Satz für Satz von selbst. Ziemlich süß, oder?

Winzige Gewohnheiten hacken die faule Logik Ihres Gehirns

Okay, das ist der Teil, in dem ich Sie in die Mind-Hacks einweihe, die kleine Gewohnheiten so verdammt effektiv machen. Ihr Gehirn mag ein Hasser sein, aber es ist nicht allzu hell! Es ist ganz einfach, es auszutricksen, wenn man seine Logikschleifen kennt. Lassen Sie mich erklären...

Das Geniale an lächerlich kleinen Gewohnheiten ist, dass sie dem Radar Ihres Gehirns entgehen. Es gibt keinen Widerstand bei Alarmstufe Rot wie bei großen, einschüchternden Zielen.

Denken Sie darüber nach – wenn ich sagen würde: „Yo! Machen Sie jetzt täglich um 5 Uhr morgens eine intensive Meditationsstunde!" Sie würden schneller herunterfahren als ein Windows 95-Computer. Zu viel Aufwand!

Ihr faules Eidechsengehirn würde sofort anfangen, Ausreden zu rationalisieren: „Äh, ich bin kein Morgenmensch ... Ich werde nie so früh aufwachen ... Ich kann nicht eine ganze Stunde lang still sitzen ..."

Großes Ziel = große Demotivation. Dein Gehirn macht sofort Schluss.

Aber schlagen Sie nur EINE kleine Minute Meditation vor? Dein Gehirn reagiert ganz anders: „Hmm, schon gut, ich schätze, eine dürftige Minute hört sich nicht allzu schmerzhaft an. Ich kann 60 Sekunden lang alles ertragen! Klar, egal, lass uns das machen."

Keine große Anstrengung erkannt = kein Widerstand aktiviert. Bingo! Winzige Gewohnheiten verschwinden unter dem Radar.

Es ist, als würde man einen Velociraptor mit einem Laserpointer ablenken – sein winziges Erbsengehirn ist für eine Sekunde verwirrt und man sprintet in Sicherheit. Winzige Gewohnheiten bringen deine innere Faulheit durcheinander!

Wenn Ihr Gehirn erkennt, dass Sie mit einer Gewohnheit begonnen haben, ist es zu spät – Sie haben bereits einen Liegestütz gemacht, die Meditation beendet und einen Satz gelesen. Boom! Mikrogewohnheit erreicht!

Dieser Momentum-Effekt baut auch schnell Selbstvertrauen auf. Wenn Sie eine kleine Angewohnheit beenden, denkt Ihr Gehirn: „Oh, schätze, diese Selbstverbesserung ist gar nicht so schwer!" Schnelle Mikrogewinne bringen es auf Ihre Seite.

Plötzlich scheinen Dinge möglich zu sein, die einst einschüchternd wirkten. „Wenn ich eine Minute lang meditieren kann, schaffe ich es vielleicht, fünf Minuten lang durchgängig zu sitzen." Kleine Siege führen zu größeren.

Es ist, als würde man ein Kleinkind dazu bringen, Gemüse zu essen – verkleiden Sie es, machen Sie es lustig und stecken Sie es in den Mund, bevor es es merkt! Das nächste, was Sie wissen, ist, dass sie nach mehr Brokkoli verlangen. Winzige Gewohnheiten tarnen sich als einfacher Spaß.

Zusammenfassend lässt sich sagen, dass lächerlich kleine Gewohnheiten den Widerstand umgehen, durch Mikrogewinne Konsistenz aufbauen und sich zu Ergebnissen zusammenfügen, die im Laufe der Zeit die Mitarbeit Ihres Gehirns fördern. Und das alles, indem man sich der Faulheit anschleicht!

Wieder scheint es lächerlich ... bis es funktioniert. Wenn Sie mir gesagt hätten, dass ich täglich 5 Meilen laufen würde, indem ich mit nur einem Block pro Tag anfange, würde ich Sie für verrückt halten. Aber es verschlimmert sich!

Überlisten Sie Ihre innere Faulheit mit diesen Micro-Mind-Hacks und Sie werden schockiert sein, zu welchen Veränderungen Sie sich selbst überlisten können. Kleine Gewohnheiten helfen Ihnen, mit Ihrem Widerstand zu verhandeln, anstatt ihn direkt zu bekämpfen. Geben Sie der Faulheit einen Zentimeter, es dauert eine Meile!

Winzige Gewohnheiten stapeln sich heimlich unter dem Radar Ihres Gehirns

Okay, der nächste Mind-Hack, der kleine Gewohnheiten so mächtig macht, ist die Art und Weise, wie sie durch die Magie des Zinseszinses heimlich Ergebnisse erzielen. So verwandeln sich winzige Veränderungen später in gigantische Verbesserungen.

Hier ist die Sache: Wenn ich sagen würde: „Du musst dieses Jahr jeden Tag eine Seite deines Buches schreiben, um es fertigzustellen!" Das klingt im ersten Moment einschüchternd. 365 Seiten sind ein großes Ziel.

Ihr Gehirn wäre vom ersten Tag an skeptisch und resistent. Aber schlagen Sie vor, nur eine winzige Seite pro Tag zu schreiben? Kein Problem, denkt Ihr Gehirn.

„Pshh, eine dürftige Seite? Das sind ungefähr 5 Minuten Aufwand. Ja, ich schätze, so viel Motivation kann ich aufbringen." Kein Widerstand festgestellt.

Aber dann werden aus diesen winzigen Sätzen durch die Kraft der Konsistenz und der Zusammenfügung ganze Seiten, die sich in Kapitel verwandeln, die sich in Bücher verwandeln!

Es bleibt völlig unter dem Radar Ihres faulen Gehirns. Nach einem Jahr haben Sie ein 365-seitiges Manuskript, aber die Angewohnheit blieb immer bei einer Seite, sodass Ihr Gehirn nie in Aufruhr geriet. Ziemlich schick, oder?

Dasselbe gilt auch für die Meditation. Eine Minute am Tag scheint völlig harmlos. Aber nach einem Jahrzehnt haben Sie über 60 Stunden meditiert! Ihre Angewohnheit blieb klein, aber die Zeit verschlimmerte sich.

Dieses Stealth-Stacking eignet sich für jede Gewohnheit. Ein Liegestütz führt zu 365 Wiederholungen pro Jahr. Eine Minute Gitarrenübungen führt zu stundenlangem Spielen. Kleiner Input, riesiger Output!

Das ist die Magie des Compoundierens! Ihr Gehirn erkennt jeden Tag nur schnelle, kleine Mikrogewohnheiten, ohne Probleme. Aber die Ergebnisse summieren sich zu massiven Veränderungen, bevor Sie es überhaupt bemerken.

Es ist wie eine Irreführung in einer Zaubershow – die winzigen Gewohnheiten fesseln die Aufmerksamkeit Ihres Gehirns, während die Verschlimmerung woanders geschieht. Puh! Plötzlich kennt man Gitarre. Toll!

Oogways Weisheit

Dieses Konzept erinnert mich an eines meiner liebsten Weisheitsnuggets aus dem Film Kung Fu Panda:

„Man begegnet seinem Schicksal oft auf dem Weg, den man einschlägt, um ihm zu entgehen."

Zunächst versuchen Sie lediglich, eine leicht zu bewältigende Gewohnheit aufzubauen. Aber diese Mikrogewohnheiten beeinflussen letztendlich Ihr Schicksal – ein schwarzer Gürtel, ein Roman, ein Geschäft, welches Ziel auch immer!

Die winzigen Gewohnheiten halten Ihre Skepsis einfach lange genug in Schach, damit die Kombination ihre Wirkung entfalten kann. Sobald Sie erstaunliche Ergebnisse erzielen, hört Ihr Gehirn auf, Widerstand zu leisten.

Lächerlich kleine Gewohnheiten lassen Sie zunächst unter dem Radar verschwinden. Ihr heimlicher Stapeleffekt führt zu einer unglaublichen Transformation, bevor Ihr Gehirn in Aufregung geraten kann.

Es ist, als würde man zufällig ein verstecktes altes Grab entdecken, nachdem man jeden Tag gedankenverloren gegen einen kleinen Stein getreten hat. Kleiner Input, riesiger Output!

Machen Sie sich die 1 %-Regel zu eigen, damit kleine Gewohnheiten ihre Wirkung entfalten können

Okay, an diesem Punkt fragen Sie sich vielleicht, wie verdammt klein Sie sein sollten, wenn Sie mit diesen Mikrogewohnheiten beginnen. Lassen Sie mich das Rätselraten für Sie beenden.

Ich empfehle die Verwendung der 1 %-Regel – machen Sie Ihre anfängliche Gewohnheit nur 1 % des größeren Ziels aus, das Sie letztendlich erreichen möchten. Es hält die Dinge dumm klein und bringt Sie dennoch schrittweise in Richtung Größe.

Lassen Sie uns einige Beispiele verwenden:

Willst du endlich 100 Liegestütze machen? Beginnen Sie mit nur einer einzigen Wiederholung. 1 Liegestütz ist 1 % von 100. Es ist so klein wie es nur geht!

Aber es beginnt, die Trainingsgewohnheiten konsistenter zu gestalten, ohne Sie zu überfordern. Sobald das stabil ist, machen Sie zwei Liegestütze, dann fünf und so weiter.

Möchten Sie eines Tages täglich 5 Meilen laufen? Beginnen Sie damit, nur einen einzigen Block auszuführen. Wir reden hier von etwa 500 Schritten. Diese kleine Angewohnheit ist selbst dann machbar, wenn Sie erschöpft und unmotiviert sind.

Auch hier sorgt es dafür, dass Sie gleichmäßig strampeln, ohne schnell auszubrennen, als wenn Sie plötzlich kilometerweit laufen würden. Bleiben Sie bei einem Block und gehen Sie dann zu zwei Blöcken über, sobald das automatisch geschieht. Bauen Sie sich langsam über Wochen, Monate und Jahre auf.

Willst du Gitarre lernen? Üben Sie am ersten Tag einfach, das Instrument zu halten und eine einzelne Saite zu zupfen. Machen Sie es nur 60 Sekunden lang. Das ist Ihre 1 %-Gewohnheit, um mit der Verankerung der Konsistenz zu beginnen.

Es vermeidet den lähmenden Gedanken, komplexe Akkorde und Lieder sofort beherrschen zu müssen. Sobald sich 1 Minute einfach anfühlt, beginnen Sie mit 2. Dann mit 5. Die Gewohnheit steigert sich.

Verstehst du die Idee richtig? Beginnen Sie mit einer fast albern einfachen Mikrogewohnheit, mit der selbst Mindless Me an meinem schlimmsten Tag klarkommt.

Entfernen Sie alle möglichen Reibungen und Ausreden, damit Sie dabei bleiben. Bei kleinen Pflanzen muss der Wasserstand zunächst stufenweise eingestellt werden.

Und was ist mit der Kraft des inkrementellen Fortschritts?

Das funktioniert aus folgendem Grund so gut: Inkrementelle Fortschritte sorgen schneller für Schwung und Beständigkeit als sporadische intensive Anstrengungen.

Wenn Sie ein Jahr lang jeden Tag einen Liegestütz machen, werden Sie exponentiell stärker, als einmal im Monat 100 Liegestütze zu machen. Auch wenn die Lautstärke technisch gesehen gleich ist.

Tägliches Üben – und sei es noch so klein – stärkt die Gewohnheit, das Muskelgedächtnis und die Konstanz. Sporadische Anstrengungen halten nie an, obwohl das Volumen pro Sitzung größer ist.

Nehmen Sie also diese 1 %-Schritte an! Halten Sie Ihre Gewohnheiten klein, aber absolut konsistent. Dieser schrittweise Fortschritt trainiert Ihr Gehirn und Ihren Körper auf lange Sicht.

Geduld und Mikrogewinne

Dies erfordert Geduld. Ein Liegestütz macht niemanden fertig. Aber nach 6 Monaten werden Sie plötzlich ernsthafte Fortschritte bemerken, mit denen Sie nie gerechnet hätten.

Werden Sie durch Mikrogewohnheiten nur um 1 % besser und Ihr Ausgangswert steigt jeden Tag. Die Verbesserungen verstärken sich unter dem Radar. Konsistenz regiert alles.

Erinnern Sie sich an das weise Sprichwort: „Zentimeter für Zoll ist das Leben ein Kinderspiel. Meter für Meter ist das Leben hart." Nehmen Sie es Zoll für Zoll! Kleine Gewohnheiten für den Sieg.

Mit Mikroveränderungen erzielen Sie außerdem häufig schnelle Erfolge, die die Motivation steigern. Dein Gehirn sagt: „Hey, mir ging es heute tatsächlich besser!" im Gegensatz zu hartem Kampf ohne erkennbare Fortschritte.

Zusammenfassend lässt sich sagen, dass die 1 %-Regel Gewohnheiten schafft, die so klein sind, dass sie automatisch konsistent sind, inkrementelle Gewinne, die echte Veränderungen vorantreiben, und schnelle Erfolge, die die Moral für die lange Reise stärken.

Es mag sich zunächst albern anfühlen. Aber vertrauen Sie auf den Prozess und die Kraft kleiner Gewohnheiten. Durch heimliches Stapeln und Konsistenz wirken sie im Laufe der Zeit wahre Wunder.

Halten Sie den ersten Gewohnheitssprung einfach lächerlich klein, indem Sie die 1 %-Regel anwenden. Vermeiden Sie Reibung. Zuerst Konsistenz, dann Intensität.

Warren Buffet begann mit 1 %

Warren Buffett ist das perfekte Beispiel dafür, wie kleine Schritte ein Leben lang zu unglaublichen Ergebnissen führen.

Als einer der reichsten Männer der Welt sammelte Buffett sein riesiges Vermögen nicht durch riskante Pläne, schnell reich zu werden, sondern durch schrittweise langfristige Investitionen in starke Unternehmen.

Als Warren anfing, beeilte er sich nicht, Millionen auf einmal zu investieren. Er begann damit, sorgfältig Unternehmen zu recherchieren und bei sich bietenden Gelegenheiten kleine Investitionen von 1 % zu tätigen.

Im Laufe der Jahrzehnte verstärkten sich diese winzigen Zuwächse Jahr für Jahr, wie Schneebälle, die einen Hügel hinunterrollen und an Größe und Dynamik gewinnen. Aus Klein wurde Groß.

In den 1960er Jahren investierte Warren langsam in Coca-Cola-Aktien und baute über mehr als 30 Jahre hinweg nach und nach eine riesige Position auf. Er fing klein an, blieb konsequent und ließ die Aufzinsung ihre Wirkung entfalten.

Mittlerweile sind seine Coca-Cola-Aktien Milliarden wert, obwohl er ursprünglich nur Tausende investiert hatte. Kleine Gewohnheiten und schrittweise Gewinne schufen seinen Reichtum.

Das Gleiche tat er für seine Investitionen in die Bank of America und den Apple-Konzern. Heute scheint es offensichtlich, aber damals schien es klein ... winzig

Warren Buffett ist der Inbegriff des heimlichen Stapelns und der Schildkröten-Mentalität. Er verkörpert die Kraft, mit kleinen

Gewohnheiten zu beginnen und sie im Laufe der Zeit konsequent weiterzuverfolgen.

Wie in der alten Fabel von der Schildkröte und dem Hasen übertraf Warrens langsamer und stetiger Ansatz die Spekulationen hastiger Investoren, die auf schnelle Gewinne hofften. Geduld zahlt sich aus.

Folgen Sie also Warrens Beispiel. Widerstehen Sie dem Drang, überstürzt große Veränderungen herbeizuführen. Fangen Sie klein an, bleiben Sie konsequent und verbessern Sie sich immer um 1 %. Ihre Gewohnheiten werden sich auf lange Sicht zu etwas Großartigem zusammenfügen.

Wie kleine Gewohnheiten Ihre Denkweise und Identität verändern

Okay Leute, hier ist etwas Großes zu erkennen: Kleine Gewohnheiten verändern mit der Zeit nicht nur Ihre Fähigkeiten und Ihren Körperbau. Sie verändern tatsächlich auch Ihre gesamte Denkweise und Ihr Selbstvertrauen.

Wenn Sie zum ersten Mal mit diesen Mikrogewohnheiten beginnen, kommen Sie sich vielleicht albern vor. Ein Liegestütz am Tag – wie macht mich das zum nächsten Rock? Scheint sinnlos.

Aber wenn Sie dabei bleiben, beginnt sich Ihr Selbstbild plötzlich zu verändern. Nach einem Monat merkt man – hey, ich habe diese Gewohnheit tatsächlich konsequent beibehalten. Ich habe es durchgezogen.

Dies verändert die Art und Weise, wie Sie sich selbst sehen. Sie beginnen, eine neue Identität von jemandem anzunehmen, der auftaucht. Ein Macher, nicht nur ein Träumer. Du bist aufgestiegen!

Von da an wachsen das Selbstvertrauen und der Schwung. Bald steigern Sie die Übung auf zwei Liegestütze, dann auf fünf, dann auf zehn. Nach einem Jahr können Sie viel mehr tun, als Sie sich zu Beginn jemals vorgestellt hätten.

Aber die körperliche Stärke ist nicht einmal die größte Veränderung. Dabei entwickelten sich Disziplin, Konsequenz und der Glaube an sich selbst. Deine Denkweise wurde stärker.

Das ist enorm, weil die meisten Menschen zunächst versuchen, sich von außen zu verändern – sie konzentrieren sich einfach darauf, in Form zu kommen oder sich etwas anzueignen.

Aber kleine Gewohnheiten wirken von innen nach außen. Ihr inneres Selbstvertrauen und Ihre Identität wachsen, indem Sie sich selbst beweisen, dass Sie jeden Tag auftauchen können.

Dies verändert nach und nach, wer Sie in Ihrem Innersten sind. Und von diesem Ort der Disziplin aus gelingen äußere Veränderungen VIEL einfacher.

Du hast die Wurzeln gegossen. Die sichtbare Pflanze gedeiht auf natürliche Weise.

Große Menschen wurden durch kleine Schritte größer

Die Meister wissen das alle. Michael Jordan ist nicht durch ein paar intensive Trainingswochen zum GOAT geworden.

Nein, es brauchte Jahre der Kontinuität – angefangen bei den Grundlagen als Kind, über die Beherrschung der Grundlagen bis hin zur Erlangung von Selbstvertrauen durch inkrementelle Kompetenzzuwächse. Stein für Stein.

Yo-Yo Ma, der größte lebende Cellist, das Gleiche – endlose kleine Schritte über Jahrzehnte, um sein Handwerk zu verfeinern. Keine sporadischen Crunches.

Ein Grüngurt beherrscht 50 Züge, die jeweils 1000 Mal geübt werden. Ein Schwarzgurt beherrscht 1000 Bewegungen, die jeweils 50 Mal geübt werden. Meisterschaft erfordert Wiederholung.

Hören Sie also auf die Experten. Vergessen Sie die Schnelllösungs-Denkweise. Seien Sie stolz auf diese kleinen Gewohnheitsgewinne – sie verändern Ihren Geist noch mehr als Ihren Körper.

Es geht aufwärts!

Behandeln Sie die Reise wie ein Videospiel. Jede abgeschlossene Mikrogewohnheit ist wie das Erhalten eines XP-Punkts, eines Abzeichens oder eines Levelaufstiegs.

Feiern Sie die kleinen Siege. Fortschritt braucht Zeit, aber planen Sie jeden kleinen Schritt nach vorne.

Bevor Sie es wissen, haben Sie durch angesammelte Mikrogewinne die nächste Stufe Ihrer Suche freigeschaltet. Das alles summiert sich!

Kleine Gewohnheiten verändern Sie im Laufe der Zeit ganzheitlich – nicht nur Ihre Fähigkeiten oder Kraftwerte. Sie stärken Ihre zugrunde liegende Identität, Ihr Selbstbild und Ihr Selbstvertrauen.

Bleiben Sie bei diesen kleinen Gewohnheiten und beobachten Sie, wie Sie sich weiterentwickeln. Aber denken Sie daran, es beginnt von innen nach außen. Ein schwarzer Gürtel ist ein Geisteszustand. Stelle dich zuerst dir selbst.

Wenn Sie sich an eine Sache aus diesem Kapitel erinnern sollten

Okay Freunde, lasst uns noch einmal zusammenfassen, was wir in diesem Kapitel gelernt haben, bevor wir fortfahren

Zuallererst: Fangen Sie ganz klein an! Wie mikroskopisch. Ihr träges Gehirn widersetzt sich großen Veränderungen, also halten Sie diese erste Angewohnheit lächerlich klein.

Winzige Gewohnheiten umgehen Widerstände, bauen Beständigkeit auf und führen mit der Zeit dennoch zu gewaltigen Ergebnissen. Es ist wie ein Cheat-Code!

Denken Sie an die 1-Prozent-Regel: Stellen Sie sicher, dass Ihre Startgewohnheit nur 1 Prozent des größeren Ziels ausmacht. Ein Liegestütz, eine Minute Lesen, ein Block Laufen. Halten Sie es fast peinlich einfach.

Mikrogewohnheiten sorgen für kleine, schnelle Erfolge, die Sie mehr motivieren als ein weit entfernter, ehrgeiziger Traum. Kurzfristige Belohnungsaktivierung!

Diese kleinen Erfolge verändern auch schnell Ihre Identität. Eine kleine Konsequenz schafft echtes Selbstvertrauen und Selbstdisziplin.

Bleiben Sie Tag für Tag bei diesen kleinen Schritten, und Ihre Fähigkeiten und Ihr Körper verändern sich, bevor Sie es merken. Konsistenzmischungen!

Gehen Sie die Gewohnheitsänderung wie ein Videospiel an – feiern Sie jede kleine Stufe höher. Lassen Sie sich vom Endziel nicht überwältigen.

Okay, jetzt, da wir die Grundlagen kleiner Gewohnheiten verstanden haben, können wir damit fortfahren, diese kleinen Routinen miteinander zu verketten, um ihnen Schwung zu verleihen ...

Aber vergessen Sie nicht: Beginnen Sie im Kleinen, bauen Sie Konstanz durch kleine Erfolge auf und machen Sie mit der Zeit Fortschritte. Kleine Gewohnheiten lösen die Magie aus!

Kapitel 2: Große Ergebnisse – „Habit Stacking: Meistern Sie den Dominoeffekt, um mühelos Schwung aufzubauen"

Freunde, lasst uns Gewohnheiten wie Legosteine stapeln

Okay, Team, es ist Zeit, unsere kleinen Gewohnheiten auf die nächste Stufe zu heben! Im letzten Kapitel haben wir gelernt, wie man Mikro startet. Jetzt ketten wir diese Munchkin-Gewohnheiten aneinander wie verdammte Legosteine.

Wir stellen Ihnen das Biest vor, das Gewohnheiten stapelt! Hier ist der Deal: Kombinieren Sie mehrere Mini-Gewohnheiten hintereinander, um eine wahnsinnige Dynamik aufzubauen. Jeder einzelne löst wie ein Dominostein den nächsten aus und erzeugt so eine automatische Routinekaskade.

Sobald Sie Ihre Gewohnheiten fließend aneinanderreihen wie Mamas Perlen, ist Motivation kein Thema mehr. Die Gewohnheit, Züge zu fahren, hört nicht auf, Baby!

Lass mich ein Bild malen...

Stellen Sie sich Ihren idealen Morgenfluss vor:

- 7:30 Uhr: Der Wecker klingelt. Sie spenden Feuchtigkeit mit einem erfrischenden Getränk.

- 7:32 Uhr: Voller Energie durch Ihren Drink schaffen Sie einen Liegestütz.

- 7:33 Uhr: Blut pumpend, Sie meditieren 1 Minute lang.

- 7:34 Uhr: Meditation bereitet Sie darauf vor, eine Seite zu lesen.

- 7:35 Uhr: Das Lesen gibt Ihnen einen Einblick, über den Sie Tagebuch schreiben können.

Sehen Sie, wie jede Gewohnheit auf die nächste hinweist? Sie wechseln nahtlos von einer Routine zur nächsten wie ein Eichhörnchen, das zwischen Bäumen hüpft.

Sobald Sie diese Gewohnheit in Schwung gebracht haben, steigt Ihre Produktivität durch die Decke! Es ist Schwung, Baby! Keine Reibung oder Motivation erforderlich.

Visualisieren Sie Ihre Gewohnheiten wie epische Domino-Rampen

Okay, jetzt, wo wir unsere kleinen Gewohnheiten festgeschrieben haben, lasst uns darüber sprechen, sie für maximalen Schwung miteinander zu verketten. Hier beginnt die Magie erst richtig!

Folgendes müssen wir tun: Stellen Sie sich vor, wie wir Dominosteine in einer intelligenten Reihenfolge aufstellen, wobei jede Gewohnheit in die nächste übergeht. Halten Sie dieses mentale Bild fest.

Stellen Sie sich Ihre Morgenroutine wie einen aufwändigen Dominokurs vor, der sich über Treppen und miteinander verbundene Flure windet. Eine Kachelspitze löst Kaskaden aus!

Dieser erste Dominostein ist Ihr Wecker – der dann Ihre Trinkgewohnheiten niederschlägt – der Sie dazu veranlasst, Trainingskleidung anzuziehen – der als Hinweis auf Ihr eigentliches Training dient – der mit der Erholung durch Proteingetränke endet. BOOM!

Jede Gewohnheit ist absichtlich so aufgebaut, dass sie an die vorherige anknüpft und nahtlos ineinander übergeht. Das baut schnell Schwung auf.

Keine Reibung, kein Zögern, keine Motivation nötig. Nur eine Gewohnheit löst automatisch die nächste aus, weil Ihre Routine gewählt ist.

Es ist so, als würde man Zugwaggons verbinden, bevor man den Bahnhof verlässt – man steigt ein und die Lokomotive nimmt einen mühelos mit. Zieldominanz!

Dieser Verkettungseffekt wirkt sich auf jeden Lebensbereich aus: Gesundheit, Produktivität, persönliches Wachstum, Lernen, Kreativität. Was auch immer das Ziel ist.

Verwandeln Sie diese kleinen Gewohnheiten in eine vollautomatische Rube-Goldberg-Maschine

Eine gut gestaltete Gewohnheitssequenz ist wie eine Rube-Goldberg-Maschine. Sie lösen eine einfache Aktion aus und schon kommt es zu einer ausgeklügelten Kettenreaktion.

Plötzlich unterdrücken Sie Ihren gesamten Morgenfluss mit Leichtigkeit, ohne Zeit zu verschwenden. Sie wechseln vom ersten Domino direkt in den Bestienmodus mit optimierter Produktivität!

Auch hier liegt der Schlüssel darin, Paare zu planen, die sich gegenseitig ansprechen:

- Meditieren Sie nach dem Morgenkaffee, um sich zu konzentrieren

- Ziehen Sie nach der Meditation Trainingskleidung an, um sich sportlich zu betätigen

- Trinken Sie nach dem Training einen Smoothie, um neue Energie zu tanken

Die Aktionen fließen ineinander. Keine Anstrengung oder Disziplin erforderlich – lassen Sie sich nach dem Aufbau einfach von der Dominokette führen.

Das funktioniert auch für Abendroutinen:

- Nach dem Abendessen Zahnseide verwenden und Zähne putzen

- Lesen Sie nach dem Zähneputzen in Ihrer Freizeit

- Machen Sie nach dem Lesen eine fünfminütige Reflexion in Ihrem Tagebuch

- Machen Sie sich nach dem Tagebuchschreiben bereit fürs Bett

Erstellen Sie fließende Sequenzen, die an Ihren Lebensstil angepasst sind. Experimentieren Sie, um diejenigen zu finden, die zu Ihren natürlichen Rhythmen und Bedürfnissen passen.

Aber behalten Sie das Bild der aufwändig gestalteten Dominosteine bei, die alle miteinander verbinden. Dieser mentale Bauplan hilft ihm, unbewusst zu klicken.

Nutzen Sie bestehende Gewohnheitsroutinen für kostenlosen Schwung

Hier ist ein weiterer raffinierter Trick, um Killer-Gewohnheiten in Schwung zu bringen: Hängen Sie neue Gewohnheiten huckepack an bestehende Routinen an, die Sie bereits ohne nachzudenken anwenden.

Das Schöne ist, dass Sie den schwierigen Teil, eine neue Routine von Grund auf zu etablieren, überspringen. Nutzen Sie stattdessen kostenlos alte Rituale, an die Sie gebunden sind!

Wie mein Junge Thibault. Jeden Morgen beginnt er seinen Tag mit Saft – lässt ihn nie aus. Also beschloss er, seine neue Liegestützgewohnheit gleich nach dem Einschenken seines Orangensafts einzuführen.

Nach dem Entsaften lässt sich Thibault sofort fallen und macht vor allem anderen an seinem Morgen zehn Liegestütze. Dann wiederholt er es täglich.

Mit der Zeit steigerte er die Anzahl der Liegestützwiederholungen, ließ sie aber an seine nicht verhandelbare Saftroutine gebunden. Nach einem Jahr machte er 100 Liegestütze – aber es fühlte sich nie schwer an!

Sehen, wie es funktioniert? Seine unzerstörbare Saftgewohnheit sorgte automatisch für den Antrieb, konsequent Liegestütze zu machen. Das neue Verhalten greift einfach auf die alten zurück.

Thibaults Gehirn fing an, sich nach den Liegestützen als Teil seines Morgenrituals zu sehen, da sie an seiner unantastbaren Saftgewohnheit festhielten. Keine Motivation nötig!

Mit dieser Methode können Sie die Intensität jeder Gewohnheit schrittweise steigern, ohne an Schwung zu verlieren. Es bleibt in den bestehenden Momentum-Ritualen verankert.

Auf welche Routinen können Sie zurückgreifen?

Werfen Sie nun einen Blick auf Ihre regulären Routinen – welche täglichen Gewohnheiten verfolgen Sie bereits mit völligem Autopiloten? Dinge wie:

- Morgen Kaffee

- Zähne putzen

- Entspannen Sie sich bei einer abendlichen Fernsehsendung

- Zum Abendessen ein Glas Wein trinken

- Überprüfen Sie Ihr Telefon im Bett

Dies sind die perfekten ersten Dominosteine, um neue Gewohnheiten anzueignen!

Wählen Sie einen Ihrer Routine-Auslöser und nehmen Sie direkt danach Ihre neue Gewohnheit auf. Zum Beispiel:

- Meditieren Sie nach dem Morgenkaffee 1 Minute lang

- Machen Sie nach dem Zähneputzen 10 Liegestütze

- Lesen Sie nach der Fernsehsendung 1 Kapitel

- Nach dem Wein 5 Minuten ziehen lassen

Wenn Sie sich an eine bestehende Gewohnheit binden, erbt Ihr neues Verhalten dessen automatische Konsistenz! Der Motor läuft bereits – einfach einsteigen.

Nutzen Sie alte Impulse, um neue Routinen aufzubauen. Identifizieren Sie Ihre nicht verhandelbaren Gewohnheiten und bauen Sie diese auf.

Huckepack wirkt Wunder. Aber man muss sich trotzdem die Mühe machen, wirkungsvolle Sequenzen zu entwerfen. Experimentieren Sie, um Ihre perfekten Ketten zu finden.

Wie Marketing-Genies die gleiche Taktik anwenden, um Ihr Gehirn auszutricksen

Die Marketing-Gurus von KitKat waren verdammte Genies, als sie ihren berühmten Slogan „Have a Break, Have a KitKat" erfanden.

Diese schlauen Katzen erkannten, dass Büroangestellte bereits eine tief verwurzelte Angewohnheit hatten, regelmäßig Kaffeepausen einzulegen, um neue Energie zu tanken. Dies gab KitKat die perfekte Routine zum Huckepackhalten!

In der Werbung hieß es im Grunde: Yo Bürodrohnen! Wenn Sie Ihre stündliche Java-Auftankpause einlegen, packen Sie auch unsere köstlichen Waffelriegel aus.

KitKat wird Teil Ihrer heiligen Kaffeeroutine – zwei Gewohnheiten miteinander verbunden! Der Keks kommt auf der bereits etablierten Dynamik des Koffeinschubs zum Stillstand.

Genial, oder? Jedes Mal, wenn jemand eine Tasse einschenkt, lautet die Pawlowsche Antwort: „Muss...auch...Schokolade...verschlingen..."

KitKat gewöhnt das Gehirn daran, seinen Zuckerschub mit der bereits festgeschriebenen Kaffeeroutine in Verbindung zu bringen. Alte Gewohnheiten führen zu neuen Gewohnheiten. Zwei Fliegen mit einer Klappe!

Nehmen Sie also eine Seite aus KitKats Buch. Wenn Sie neue Gewohnheiten entwickeln möchten, erkunden Sie bestehende Rituale, an die Sie sie nahtlos anschließen können.

Nutzen Sie alte Impulse, anstatt bei Null anzufangen. Verknüpfen Sie Gewohnheiten geschickt miteinander, wie ein Schokoriegel Huckepack auf die Kaffeepausen-Nostalgie. Du schaffst das!

Bauen Sie Ihren Habit-Wolkenkratzer Stein für Stein

Okay, Party-Leute, wenn man seine Gewohnheitssequenzen sorgfältig gestaltet, kann das etwas Lebensveränderndes bewirken. Bist du bereit dafür?...

Sie bauen nach und nach die Infrastruktur auf, die Ihre gesamte Existenz prägt.

Boom! Lassen Sie das sinken...

Ihre Gewohnheiten werden zum Gerüst und Fundament, auf dem Ihr Lebensstil aufbaut. Die Blaupause dafür, wie sich Ihre Tage entwickeln.

Bei richtiger Planung verändern die Kaskaden und Stapel, die wir entwerfen, unsere Gesundheit, Produktivität, Beziehungen, persönliches Wachstum – was auch immer.

Jede kleine Gewohnheit ist wie das Legen eines weiteren Ziegelsteins und der langsame Zusammenbau Ihres Gewohnheitswolkenkratzers. Der Aufwand ist minimal, aber die Ergebnisse summieren sich zu etwas Großem.

Nehmen Sie sich wirklich die Zeit, Ihre Gewohnheiten sorgfältig für optimale Ketten zu ordnen. Du baust dein Leben im wahrsten Sinne des Wortes Stück für Stück auf, Baby!

Bauen Sie eine Infrastruktur für gesunde Gewohnheiten auf

Möchten Sie einen unglaublichen Körper formen? Integrieren Sie dann systematisch Fitness-Mikrogewohnheiten in Ihren Tag.

Vielleicht ist es:

- Morgendliche Mobilitätsübungen

- 10 Liegestütze nach dem Kaffee

- Spaziergänge in der Mittags- und Nachmittagspause

- Planks machen, während das Abendessen im Ofen ist

- Dehnen während der Werbepausen von Fernsehsendungen

Sehen Sie, wie jedes in das nächste übergeht? Mit der Zeit bauen diese Gewohnheiten durch schrittweise Bausteine eine kugelsichere Fitnessfestung auf.

Dieselbe Idee für die Produktivitätsinfrastruktur. Stapeln Sie Dinge wie:

- Überprüfen Sie als Erstes die wichtigste Aufgabe

- Ablenkungen überwinden, um höchste Priorität zu erreichen

- Blockieren Sie die Zeit im Kalender, um den nächsten Tag zu planen

- Halten Sie alle zufälligen Ideen im Notizbuch fest, auch wenn es nur ein Satz ist

- Überprüfen Sie jeden Freitag den Kalender, um die kommende Woche zu optimieren

Auch hier bildet eine Mikrogewohnheit nach der anderen das Gerüst. Ihre Tage werden zu effizienten Maschinen.

Sie müssen der Michelangelo der Gewohnheitsplanung werden

Okay Leute, hört zu, denn dieser Teil ist entscheidend. Ich kann nicht genug betonen, wie wichtig es ist, bei der Planung Ihrer Gewohnheitsstapel akribisch vorzugehen.

Übernehmen Sie nicht einfach beiläufig ein paar Gewohnheiten und machen Sie Schluss. Wenn man das halbherzig macht, ist das so, als würde man ein Haus auf einem schäbigen Fundament bauen – es wird schnell einstürzen.

Damit diese Gewohnheitsketten auf lange Sicht haften bleiben, müssen Sie bei der Gestaltung sorgfältig vorgehen. Werden Sie zum Michelangelo der Gewohnheitssequenzen – erschaffen Sie meisterhafte Kaskaden.

Investieren Sie im Vorfeld in die Analyse Ihres Lebensstils und experimentieren Sie mit verschiedenen Kombinationen. Lernen Sie Ihren natürlichen Rhythmus.

Finden Sie Sequenzen, die sich nahtlos in Ihren Tagesablauf einfügen. Die Auslöser und Übergänge sollten natürlich klicken und sich nicht erzwungen anfühlen.

Angenommen, Sie hassen den Morgen und sind stundenlang benommen, nachdem Sie aus dem Bett gerollt sind. Versuchen Sie nicht, direkt nach dem Aufwachen intensive Übungen zu machen.

Führen Sie Bewegungsgewohnheiten stattdessen nach dem Morgenkaffee ein, wenn Sie sich energiegeladen und motiviert fühlen. Richten Sie es für Nachhaltigkeit an Ihren natürlichen Energiespitzen aus.

Je achtsamer Sie diese Gewohnheitsdomsteine testen und gestalten, desto automatischer werden Ihre wichtigen Routinen. Kleine Veränderungen fügen sich mühelos zu einem besseren Lebensstil zusammen.

Es erfordert Arbeit, aber das Entwerfen dieser Sequenzen verändert das Spiel. Du baust langsam Stein für Stein das Gerüst für dein Schicksal auf.

Stellen Sie sich vor, wie Sie in den nächsten Jahren auf das Imperium zurückblicken, das Sie aufgebaut haben, indem Sie Tag für Tag den Grundstein für jede Gewohnheit gelegt haben. Das ist ein Vermächtnis!

Aber alles beginnt damit, dass man sich die Zeit nimmt, ein Experte für Gewohnheitsplanung zu werden. Du schaffst das. Jetzt designen!

Wenn Sie sich an eine Sache aus diesem Kapitel erinnern sollten

Lassen Sie uns die wichtigsten Punkte zum Stapeln von Gewohnheiten wie Legos noch einmal zusammenfassen, bevor wir fortfahren:

Das A und O lautet „Momentum" – verketten Sie diese kleinen Gewohnheiten hintereinander, um Routinekaskaden aufzubauen.

Planen Sie Abläufe achtsam, sodass jede Gewohnheit automatisch die nächste auslöst. Den Dominoeffekt erzeugen!

Wenn Gewohnheiten in einem logischen Ablauf aufeinander aufbauen, steigt Ihre Produktivität. Keine Reibung oder Motivation nötig!

Stellen Sie sich vor, Sie stellen Dominosteine auf – eine Angewohnheit macht die nächste zunichte. Spüren Sie, wie die Dynamik zunimmt, wenn jeder fällt!

Nutzen Sie Habit Stacking für jeden Bereich – Gesundheit, Arbeit, Lernen, Beziehungen, persönliches Wachstum. Kaskaden funktionieren überall.

Seien Sie kreativ mit Ihren Gewohnheitspaaren, basierend auf Ihrem Lebensstil. Morgentee > Meditation > Bewegung ist ein Beispiel.

Ergänzen Sie alte Routinen auch mit neuen Gewohnheiten. Vorhandener Schwung ist dein Freund! Fügen Sie Liegestütze nach dem Kaffee usw. hinzu.

Wenn Sie Ihre Gewohnheiten sorgfältig ordnen, schaffen Sie die Infrastruktur für einen großartigen Lebensstil. Stein für Stein!

Routinemäßige Dynamik durch Design erreicht. Das Stapeln von Gewohnheiten bringt Ihr Spiel auf die nächste Stufe, sobald kleine Gewohnheiten festgelegt sind.

Aber es funktioniert nur durch eine durchdachte Planung und eine kluge Reihenfolge. Gedankenlose Gewohnheiten zerstreuen Ihre Energie.

Okay, jetzt, da wir diese Sache mit der Gewohnheitskaskade hinter uns haben, lasst uns gesellig werden ...

Die Nutzung von Verantwortung gegenüber Partnern, Gruppen und Gruppenzwang stärkt die Motivation, wie wir als Nächstes sehen werden. Lass uns gehen!

Kapitel 3: Soziale Verantwortung – „Gruppendruck ist gut: Nutzen Sie die Macht von Verantwortungspartnern"

Freunde, schnappt euch eure Truppe und macht diese Ziele zunichte

Der Versuch, alleine geschreddert zu werden, Romane zu schreiben oder Sprachen zu lernen, ist reiner Masochismus. Es geht nur um Sie gegen Ihr Gehirn, und Ihr Gehirn ist ein Hasser.

Schon nach kurzer Zeit sind Sie gelangweilt, unmotiviert und scrollen auf Instagram, anstatt sich mit Ihren Gewohnheiten abzumühen. Nicht cool!

Deshalb müssen wir uns damit auseinandersetzen, Leute. Umgeben Sie sich mit Hype-Bestien, die Sie aufrichten, nicht stürzen. Nutzen wir die Macht der Trupps für immer!

Rekrutieren Sie Accountability-Partner für einen Power-Up-Bonus

Okay Leute, der Versuch, große Veränderungen alleine umzusetzen, ist, als würde man ohne Tränke oder Power-Ups in einen Bosskampf eintreten. Wahnsinn!

Der kluge Schachzug besteht darin, Verantwortungspartner zu gewinnen, die sich Ihrer Suche anschließen. Sie sorgen für die süße Motivation und den Community-Boost!

Auch nur einen verantwortlichen Kumpel zu haben, ist, als würde man in Mario Kart ein Star-Power-Up freischalten. Sie sorgen dafür, dass Sie mit Höchstgeschwindigkeit und maximaler Moral über den Gewohnheits-Highway düsen.

Hier erfahren Sie, warum es funktioniert: Wenn Sie wissen, dass jemand anderes Ihren Fortschritt überwacht, KÖNNEN Sie KEINE Ausreden finden oder sich selbst belügen. Sie werden sich verpflichtet fühlen, Trainingseinheiten zu unterbrechen und sich an Pläne zu halten.

Schließlich möchten Sie Ihren Partner im Fitnessstudio nicht durch Nachlässigkeit enttäuschen! Das Schlimmste ist, sein Team im Stich zu lassen. Gemeinsam mahlen Sie also 10x härter als alleine.

Und wenn Sie die Reise zur Gewohnheitsbildung mit anderen teilen, macht der Erfolg viel mehr Spaß! Der Versuch, deine Kniebeuge zu verbessern, fühlt sich besser an, wenn deine Teamkollegen dich anfeuern.

Das Teilen des Kampfes schafft viel mehr Kameradschaft und Motivation als das Solo-Training. Wir sind von Natur aus soziale

Wesen. Wenn Sie von einer Crew unterstützt werden, verändert sich das Spiel.

Denken Sie also darüber nach, jede Gewohnheit, die Sie bekannter machen möchten, zur Gewohnheit zu machen. Teilen Sie Ihre Ziele in den sozialen Medien. Finden Sie Online-Freunde. Rede darüber.

Und versuchen Sie, direkt mit Menschen in Ihrer Nähe zusammenzuarbeiten, die ähnliche Ziele verfolgen, beispielsweise mit einem Trainingspartner oder einem Schreibpartner. Halten Sie sich gegenseitig auf dem Laufenden!

Schon die bloße Bindung an eine Person hilft – Sie möchten sie unbewusst vermeiden, sie durch Aufgeben zu enttäuschen. Das ist die Macht des Gruppenzwangs und der Erwartungen!

Nutzen Sie es zu Ihrem Vorteil. Umgeben Sie sich mit Hype-Männern, Motivatoren und Verbündeten. Machen Sie Ihre Gewohnheiten offen und gesellig, um den süßen Bonus auf Verantwortung zu erhalten!

Nutzen Sie die Macht der World Wide Web Tribes und Habit Apps

Sie können keine Freunde vor Ort finden, die Ihr skurriles Hobby teilen? Keine Sorge, der Online Tribe steht hinter Ihnen!

Hören Sie, nicht jeder ist mit einer persönlichen Freundesgruppe gesegnet, die Ihre Leidenschaft für das Korbflechten unter Wasser oder den mittelalterlichen Schwertkampf teilt. Und das ist in Ordnung!

Dank der Interwebz können Sie jetzt gleichgesinnte Spinner finden, die sich von überall auf der Welt über Ihr Nischeninteresse informieren. Der Online-Stamm ist global, Baby!

Im Ernst, für jedes Hobby gibt es Foren, Gruppen und Apps, denen man beitreten kann. Teilen Sie Ihre Fortschritte im Schwertkampf mit uns! Stellen Sie Fragen zu Korbflechttechniken!

Das Sehen von Beiträgen von Mitstreitern, die Schwerter schwingen und Körbe basteln, sorgt für Kameradschaft, Inspiration und Verantwortung. Du schaffst das!

Auch ohne lokale Freunde bietet das Internet eine Community, die Ihnen hilft, Ihre unkonventionellen Ziele zu verfolgen.

Lassen Sie uns einige Optionen erkunden ...

Reddit für alle Ihre Ziele

Reddit ist eine großartige Option für Verantwortung und Diskussion rund um jedes Ziel oder Hobby unter der Sonne. Im Ernst, es ist beängstigend und beeindruckend.

Es gibt Subreddits für Gewohnheiten wie Fitness, Meditation, Schreiben, Musik und vieles mehr. Sie finden Mitglieder auf allen Ebenen, die Geschichten und Tipps austauschen.

Veröffentlichen Sie Ihre Probleme konsequent und die Leute werden sich mit Ermutigung und Strategien einmischen. Teilen Sie Ihre Mikrogewohnheitsgewinne und die Leute werden Ihre kleinen Siege feiern.

Beiträge von anderen auf derselben Reise zu sehen, sorgt für Motivation und Kameradschaft. Sie können Fragen stellen, wenn Sie nicht weiterkommen, und Gewohnheits-Hacks austauschen.

Und wenn es für Ihr spezielles Hobby noch kein Subreddit gibt, können Sie eines erstellen! Bauen Sie die Community auf, die Sie sich gewünscht haben.

Fitness-Apps für virtuelle Trainingspartner

Für Trainingsgewohnheiten können Sie mit Apps wie Strava und Fitbit Läufe, Fahrten, Trainingseinheiten und mehr verfolgen. Sie können Gruppen beitreten, Freunden folgen und sich gegenseitig ein Lob aussprechen.

Zu wissen, dass andere Ihre täglichen Trainingsstatistiken sehen, gibt Ihnen die Verantwortung, Ihre Ziele weiterhin zu erreichen. Sie können sogar Trainingspläne und Ernährungstipps teilen.

Es ist erstaunlich, wie motivierend es sein kann, ein „Herzlichen Glückwunsch!" zu bekommen. von jemandem im Internet für Ihre langfristige persönliche Aufzeichnung. Wir sehnen uns nach sozialer Anerkennung, auch virtuell!

Untersuchungen bestätigen, dass Social-Fitness-Apps auch ohne persönliche Interaktion die Konstanz und das Leistungsniveau steigern. Also schnallen Sie sich Ihr Handy an und sammeln Sie Kilometer!

Finanzielle Verantwortung mit StickK

Wenn Sie noch extremere Motivation brauchen, schauen Sie sich Gewohnheits-Apps wie StickK an, mit denen Sie Geld aufs Spiel setzen können.

Sie können finanzielle Einsätze an Ihre Ziele knüpfen, z. B. 5 Dollar verlieren oder 5 Artikel veröffentlichen. Wenn Sie scheitern, wird Ihnen das Geld in Rechnung gestellt oder gespendet.

Sie ernennen einen verantwortlichen Schiedsrichter, der bestätigt, ob Sie die Wochenziele erreicht haben. Sie zu versäumen, bedeutet Strafgebühren!

Wenn Ihr Geldbeutel auf dem Spiel steht, ist es viel wahrscheinlicher, dass Sie an dieser Gewohnheit festhalten. Die Angst, Geld zu verlieren, ist eine große Motivation.

Online-Communities bieten Inspiration, auch wenn man nicht persönlich anwesend ist. Erschließen Sie sich also weltweite Stämme! Allein die Fortschritte anderer zu sehen, kann Ihre eigenen Gewohnheiten vorantreiben.

Suchen Sie nach Ihren Mitarbeitern, um Großes zu entfesseln

Okay Leute, der Versuch, alleine Großes zu erreichen, wird sehr schnell langweilig. Sich selbst anzustrengen und niemanden zu haben, mit dem man die Reise teilen kann, ist langweilig.

Klar, wir alle lieben eine gute Underdog-Geschichte über einen einsamen Helden. Aber im wirklichen Leben hängt nachhaltiger Erfolg stark von der Gemeinschaft ab. Wie das afrikanische Sprichwort sagt: „Wenn du schnell gehen willst, geh allein. Wenn du weit gehen willst, geh gemeinsam."

Nehmen wir zum Beispiel das Laufen. Der Versuch, sich dazu zu motivieren, jeden Tag Solomeilen zu bewältigen, ist SCHWER. Es dauert nicht lange, bis Sie Läufe auslassen und Ausreden finden.

Aber schließen Sie sich einer Laufmannschaft an, und schon müssen Sie sich mehr anstrengen, um mit der Masse mitzuhalten! Sie fühlen sich dafür verantwortlich, aufzutauchen. Wenn die Leute einen erwarten, macht es auch viel mehr Spaß.

Deshalb sind Dinge wie CrossFit-Boxen, Radsportvereine, Basketballteams und mehr so beliebt. Gemeinsam mit anderen zu trainieren sorgt für Gemeinschaft, Wettbewerb und Kameradschaft, die beim Einzeltraining fehlen.

Glauben Sie mir nicht? Fragen Sie einfach David Goggins, einen der härtesten Ultra-Ausdauersportler der Welt. Er schwört, dass sein militärischer Hintergrund und sein intensives Teamtraining zu seinem Erfolg geführt haben.

Wir sind soziale Wesen, die Freude an gemeinsamen Aktivitäten haben. Allein das Verfolgen von Zielen ist ein unnötig schwieriger Modus.

Versuchen Sie nicht, alleine durchzukommen. Suchen Sie Ihre Leute auf!

Finden Sie Ihren Stamm durch Clubs und Meetups

Eine gute Möglichkeit, dies zu tun, ist die Suche nach Clubs, Kursen oder Meetup-Gruppen rund um Ihre bestehenden Hobbys oder Ziele. Auf diese Weise gibt es eine eingebaute Community.

Wie ein Laufverein, wenn Sie an einer Laufgewohnheit festhalten möchten. Ein Meditationszentrum, wenn Sie mehr meditieren möchten. Eine Schreibgruppe, wenn Sie schreiben möchten. Du hast die Idee.

Scheuen Sie sich auch nicht davor, alleine aufzutauchen und andere Enthusiasten zu treffen. Die meisten Mitglieder freuen sich, leidenschaftliche Neulinge willkommen zu heißen. Wagen Sie einfach den Sprung!

Eine weitere Möglichkeit besteht darin, Facebook-Gruppen zu bestimmten Zielen zu gründen, etwa mit dem Rauchen aufzuhören, mehr zu lesen oder früh aufzustehen. Crowdsource-Verantwortungsfreunde.

Schauen Sie online und offline. Wahrscheinlich gibt es bereits alle möglichen Gemeinschaften rund um Ihre Ziele. Finden Sie Ihren Nischenstamm!

Für noch mehr Kameradschaft schließen Sie sich direkt mit einem oder zwei Freunden zusammen, die Ihre Ziele teilen. Schauen Sie regelmäßig vorbei und feuern Sie sich gegenseitig an.

Nur einen festen Trainingspartner oder Schreibpartner zu haben, macht einen gewaltigen Unterschied. Sie fühlen sich stärker verantwortlich, wenn jemand Ihr Erscheinen erwartet.

Wenden Sie sich also an diese Clubs und Gruppen, um die idealen 1-2 Verantwortungspartner zu finden. Ihre gemeinsame Reise wird gemeinsam viel angenehmer und nachhaltiger sein.

Übertragen Sie Ihre Reise, um Ihr Team aufzupeppen

Sie haben Ihre Verantwortungsgruppe zusammengestellt. Jetzt ist es an der Zeit, diese Hype-Biesten vollständig in Ihre Welt zu lassen!

Teilen Sie der Gruppe die Höhen und Tiefen Ihrer Gewohnheitsreise mit. Dadurch bleiben alle motiviert, Sie anzufeuern.

Veröffentlichen Sie öffentlich Ihre Ziele, Fortschrittsbilder, Gewohnheitsstatistiken, PRs, Herausforderungen, Minigewinne … alles davon. Feiern Sie Meilensteine im Team.

Sprechen Sie offen über den Traum, den Sie verfolgen, und über alle Mikroschritte auf dem Weg dorthin. Nehmen Sie Ihre Community mit auf die Reise.

Wenn Sie Ihre Meinung offen mitteilen, fühlt sich Ihr Team motivierter, Sie zu unterstützen. Sie feiern Ihre Gewohnheits-PRs und helfen Ihnen, Rückschläge zu beheben.

Im Grunde solltest du deine Freunde über das eigentliche Geschehen informieren – Siege, Kämpfe, Durchbrüche, alles. Erwecken Sie Ihre Reise zum Leben!

Dadurch fühlen Sie sich auch motiviert und verantwortlich. Sie möchten schlechte Fortschritte oder Abkürzungen nicht vor Ihrem Team verbergen.

Nutzen Sie also beliebige Tools, um Ihre Suche zu teilen – soziale Medien, Gruppenchats, Vlogs, Vision Boards. Wie auch immer Sie es tun, öffnen Sie sich!

Zeigen Sie Ihrer Hype-Crew Ihr Engagement. Dann sieh zu, wie sie dich lauter anfeuern als betrunkene Sporteltern, während du aufsteigst!

Nutzen Sie Social Media für immer

Plattformen wie Instagram und Facebook eignen sich hierfür perfekt. Teilen Sie Ihren neuesten PR-Boost. Veröffentlichen Sie wöchentliche Kilometerdiagramme. Stellen Sie Gewohnheiten zur Schau.

Der Endorphinrausch von Likes und Kommentaren ist unheimlich motivierend. Positive Verstärkung sorgt dafür, dass Sie immer wieder zurückkommen.

Und fühlen Sie sich nicht eitel – es geht nicht nur darum, nach Komplimenten zu fischen. Sie geben Ihre Absichten bekannt, um sie zu konkretisieren. Öffentlicher Engagement-Effekt, Baby!

Darüber hinaus schafft das Wissen, dass andere zuschauen, die Verantwortung, weiterhin Fortschritte zu machen. Sie werden härter arbeiten, um Ihre Leute nicht im Stich zu lassen.

Posten Sie also Ihre Fitnessstudio-Selfies und halten Sie sich ans Feuer! Versprechen Sie, nur Erfolge und Meilensteine zu teilen, keine Ausreden. Social-Media-Karma inspiriert.

Feiern Sie Meilensteine im Team

Markieren Sie Gewohnheitsmeilensteine über soziale Plattformen hinaus auch direkt mit Ihrem engsten Kreis. Feiern Sie, nachdem Sie ein großes Ziel erreicht haben!

Gehen Sie zum Abendessen aus, trinken Sie Champagner, tauschen Sie High Fives aus. Machen Sie ein Ritual, bei dem Sie wichtige Gewohnheiten gemeinsam feiern.

Das Teilen der Reise macht mehr Freude. Menschen investieren mehr in Ziele, wenn sie das Gefühl haben, Teil der Geschichte zu sein. Überlassen Sie ihnen auch Ihren Erfolg!

Nutzen Sie Ihre Crew auch für einen gesunden Wettbewerb. Wenn Sie sehen, dass Freunde „Siege" erzielen, spornt Sie das an, sich zu steigern.

Wenn Ihr Freund beispielsweise zwei Bücher pro Monat liest, werden Sie sich inspiriert fühlen, Ihr Lesevolumen zu steigern und auch neue PRs zu erreichen.

Der Wettbewerb steigert die Leistung jedes Einzelnen. Nutzen Sie es, um zu motivieren, nicht um zu entmutigen. Gewohnheits-PRs können ansteckend sein!

Seien Sie also offen über Ihre Statistiken und Fortschritte. Lassen Sie die Teammitglieder Ihr Engagement und Ihre Zahlen sehen. Nutzen Sie diese Wettbewerbsfähigkeiten für immer.

Zuck verwandelt Jahresziele in Social-Media-Gold

Während wir uns mit dem Thema öffentliche Rechenschaftspflicht befassen, müssen wir über Mark Zuckerbergs clevere Strategie zum Teilen von Gewohnheiten sprechen. Dieser Typ ist damit auf dem nächsten Level!

Zu Beginn eines jeden Jahres gibt Zuck seine persönlichen Ziele und Ambitionen für die nächsten 12 Monate bekannt. Und wir reden über große Dinge – Mandarin lernen, 25 Bücher lesen, Sie wissen schon, lockere Vorsätze.

Aber das ist noch nicht alles. Das ganze Jahr über informiert er regelmäßig über seine Fortschritte. Feiert Mikrosiege und Meilensteine. Er teilt die gewonnenen Erkenntnisse.

Und sein bevorzugtes Medium für diese Updates zur Gewohnheitsreise? Ja, Sie haben es erraten – Social Media an seine Millionen Follower!

Zuck überträgt seine Ziele und Verantwortungschecks in die ganze verdammte Welt. Hier gibt es keine Datenschutzfilter, sondern nur öffentliches Journaling.

Und Sie können besser glauben, dass der Druck, zu wissen, dass Millionen seine Ziele überwachen, Zuck dazu bringt, hart daran zu arbeiten, sich an die Pläne zu halten. Er hat öffentlich erklärt, dass ihm Verantwortung dabei hilft, seine Ziele durchzusetzen.

Es ist sozialer Druck und öffentliches Engagement für Steroide. Zuck kann nicht aus der Gewohnheit fallen, ohne schlecht auszusehen, wenn alle Augen auf ihn gerichtet sind.

Er nutzt den Hype seiner Follower, um motiviert zu bleiben. Und auch seine häufigen Fortschrittsbeiträge schüren immer wieder die Flammen. Gut gespielt, Sir!

Natürlich verschafft ihm seine Tätigkeit als CEO des weltgrößten sozialen Netzwerks dort einen unfairen Vorteil. Aber das Mitnehmen gilt immer noch.

Wenn Sie Ihre Ziele öffentlich machen und die Reise teilen, bleiben Sie verantwortlich. Lassen Sie die Leute Ihre Fortschritte verfolgen und Sie anfeuern!

Nehmen Sie also eine Seite aus Zuckerbergs Buch. Erzählen Sie der Welt, was Sie dieses Jahr erreichen möchten, und berichten Sie dann über das Abenteuer.

Offensichtlich haben Sie möglicherweise nicht Milliarden von Followern wie Zuck (eifersüchtig!). Aber teilen Sie Updates, auch nur für Ihren engsten Kreis. Sie wollen dich unterstützen!

Wenn Sie sich an eine Sache aus diesem Kapitel erinnern sollten

Fassen wir noch einmal zusammen, was Sie wissen müssen, wenn Sie Gewohnheiten sozial nutzen:

Der Versuch, alleine zu grinden, ist Wahnsinn – wir brauchen Trupps, die uns motiviert und ehrlich halten.

Finden Sie einen Verantwortungspartner, der Ihre Gewohnheiten fördert. Machen Sie es öffentlich, um gegenseitige Erwartungen zu wecken.

Online-Communities sorgen auch aus der Ferne für Kameradschaft und Inspiration. Verwenden Sie Reddit, Apps, Gruppen.

Untersuchungen bestätigen, dass sozialer Druck die Konsistenz sogar virtuell verbessert. Finden Sie Ihre Leute.

Treten Sie Clubs und Treffen rund um Ihre Hobbys und Ziele bei, um eine integrierte Gemeinschaft zu schaffen.

Haben Sie Trainingspartner und teilen Sie Ihre Gewohnheitsreise für Verantwortung und Spaß am Wettbewerb.

Verwenden Sie Streak-Posts und Fortschrittsbilder, um sich gegenseitig auf dem Laufenden zu halten. Positiver Hype!

Wenn Gewohnheiten in Ihrem Team ansteckend werden, motivieren Sie sich am Ende gegenseitig. Steigende Gezeiten heben alle Boote an!

Fazit: Hören Sie auf zu versuchen, die Welt alleine zu erobern. Wir brauchen Kameradschaft und Gruppenzwang.

Umgeben Sie sich mit Verbündeten, die die Reise teilen. Gemeinsam gedeihen.

Okay, jetzt, wo wir die Macht der Truppe besiegt haben, reden wir über die wahre schwarze Magie – den Zinseszins! Das ist der Game Changer...

Kapitel 4: Zusammengesetzter Erfolg – Die zusammengesetzte Wirkung disziplinierter Gewohnheiten im Laufe der Zeit

Freunde, kleine Schritte bewirken große Veränderungen … irgendwann

Okay Leute, es ist Zeit, über das Big-Daddy-Gewohnheitsgeheimnis zu sprechen: den Zinseszins!

Nicht so sexy, wie es klingt – wir steigen nicht in Geldmarktkonten ein. Aber auf Gewohnheiten angewendet ist Compounding ein absoluter Game Changer.

Bleiben Sie lange genug bei Ihren Mikrogewohnheiten, und die Ergebnisse wachsen mit der Zeit exponentiell. Wir reden von einem hinterhältigen Ninja-Levelwechsel.

Es ist wie ein Schneeballeffekt: Man fängt klein an, aber mit zunehmender Geschwindigkeit rollt der Schneeball zu einem riesigen Felsbrocken, der den Berg hinunterstürzt. Aus Tiny wird Titanic.

Lass es uns aufschlüsseln…

Compoundierung 101

Erinnern Sie sich an den Zinseszins aus dem Mathematikunterricht? Langweiliges Konzept, aber mit der Zeit wahnsinnig kraftvoll.

Sie investieren nur 100 Dollar pro Monat bei einer jährlichen Rendite von 10 %. Nach einem Jahrzehnt ist es auf 19.000 US-Dollar angewachsen. Fünfundzwanzig Jahre, 118.000 Dollar. Siebenundvierzig Jahre, über 1 Million Dollar!

Websites wachsen auf die gleiche Weise. Schreiben Sie jahrelang regelmäßig und Ihr kleiner Blog zieht mit der Zeit mehr Leser und Einnahmen an.

Der Schlüssel ist Konsistenz. Sie müssen sich ohne lange Pausen kontinuierlich anstrengen, sonst wird der Fortschritt auf Null zurückgesetzt. Das Auslassen von Tagen zerstört die Zinseszinsbildung.

Wie sich Gewohnheiten verbinden

Lass es uns aufschlüsseln…

Das Gleiche gilt für den Zinseszins: Sie zahlen regelmäßig kleine Beträge ein und das Wachstum beschleunigt sich exponentiell. Bevor Sie es wissen, haben Sie ein dickes Bankkonto.

Aber wie lässt sich das auf Gewohnheiten übertragen? Ausgezeichnete Frage, lieber fauler Leser!

Die Mechanik ist die gleiche – kleine, konsistente Aktionen summieren sich viel schneller als erwartet. Nehmen Sie zum Beispiel Liegestütze.

Ein mieser Liegestütz erfordert praktisch keine Anstrengung. Aber machen Sie ein Jahr lang jeden Tag nur diese eine Wiederholung, und Sie haben 365 Liegestütze gemacht, ohne es zu merken!

Aber stellen Sie sich vor, Sie steigern die Anzahl der Liegestütze, die Sie jeden Monat machen, kontinuierlich um 20 %.

Nach 5 Jahren dieser täglichen Gewohnheit haben Sie 1.000 oder mehr als 10.000 Liegestütze geschafft. Das ist 100x mehr, als Sie sich zu Beginn vorgestellt haben.

Die Wiederholungen scheinen Tag für Tag trivial zu sein. Dank der unerbittlichen Konstanz nimmt der Output jedoch mit der Zeit dramatisch zu. Liegestütze summieren sich schnell!

Mit der Meditation ist es genauso. Eine dürftige Minute allein scheint nicht viel zu sein.

Aber bleiben Sie jeden Tag bei dieser Mikrogewohnheit, bauen Sie sie stetig aus und nach einem Jahrzehnt werden Sie über Tausende von

Stunden meditiert haben! Aus einer Minute wurden Tausende von Stunden. Sag mir, das ist nicht verrückt!

Auch hier ist es leicht zu unterschätzen, wie sich selbst kleine Gewohnheiten auf lange Sicht auszahlen, indem sie den Gewinn steigern.

Jede Gewohnheit funktioniert auf diese Weise – Lesen, Schreiben, Tagebuch führen, Gitarre lernen. Kleine Schritte, die regelmäßig gemacht werden, führen zu großen Ergebnissen.

Aber, und das ist der Schlüssel, Sie müssen die Wiederholungen unbedingt täglich absolvieren, damit die Gesamtzuwächse ihre Wirkung entfalten.

Durch das Überspringen von Tagen wird der Fortschritt ständig auf Null zurückgesetzt. Sie müssen den Vogel unbedingt jeden Tag füttern. Konstanz vor allem.

Aus diesem Grund sehen die meisten Menschen keine Ergebnisse aus Gewohnheiten – sie erwarten sofort große Veränderungen. Wenn sie nach einer Woche Liegestützen immer noch keinen Sixpack haben, geben sie auf.

Aber wahre Transformation geschieht durch Monate und Jahre, in denen sich Mikrogewohnheiten im Hintergrund schrittweise verstärken. Die Ergebnisse sind letztendlich verblüffend, aber man muss durchhalten.

Es ist, als würde man auf einem Bankkonto langsam Zinseszinsen anhäufen – das exponentielle Wachstum ist zunächst nicht offensichtlich. Aber nach Jahren der Einlagen hat man plötzlich ein Vermögen.

Seien Sie also geduldig mit Ihren Gewohnheiten! Nutzen Sie die allmählichen steigenden Gewinne. Erinnern Sie sich an das weise Sprichwort: „Zentimeter für Zoll ist das Leben ein Kinderspiel; Meter für Meter ist das Leben hart." Nehmen Sie es Zoll für Zoll!

Optimieren Sie Ihre Gewohnheiten durch geringfügige Gewinne

Wir haben erläutert, wie kleine, konsequente Maßnahmen im Laufe der Zeit zu großen Ergebnissen führen. Lassen Sie uns das nun noch stärker in den Griff bekommen, indem wir etwas verwenden, das Sportler als marginale Zuwächse bezeichnen.

Dieser einfache Trick kann Ihre Gewohnheitsergebnisse massiv verbessern. Das Wesentliche besteht darin, jedes noch so kleine Detail Ihrer Routine zu optimieren.

Spitzensportler sind Meister darin. Sie optimieren zwanghaft Ernährung, Schlaf, Form, Ausrüstung, Erholung, mentale Vorbereitung und mehr.

Keine einzelne Optimierung allein macht einen großen Unterschied. Aber zusammengenommen schaffen diese Verbesserungen um 1 % enorme Vorteile.

Nehmen wir zum Beispiel Profi-Radfahrer. Sie können Folgendes akribisch anpassen:

- Fahrradsitzwinkel um ein halbes Grad

- Testen Sie unzählige aerodynamische Helmdesigns

- Probieren Sie verschiedene Energy-Gel-Marken zum Auftanken aus

- Wählen Sie den Ernährungs- und Flüssigkeitsbedarf

- Variieren Sie die Trainingsorte und -techniken

- Verfeinern Sie Erholungsdehnübungen und Schaumrollen

Für sich genommen sind diese Änderungen bedeutungslos. Aber im Laufe der Zeit summieren sich daraus großartige Rennergebnisse und Podiumsplätze. Winzige Gewinne werden durch marginale Gewinne zu gewaltigen.

Das funktioniert bei jeder Gewohnheit. Überlegen Sie, wie Sie jeden Aspekt um nur 1 % verbessern können:

Mit Übung – fügen Sie eine Wiederholung hinzu, perfektionieren Sie Ihre Form, konzentrieren Sie sich auf Atmung, Erholungsdehnungen und Proteinaufnahme. Optimieren Sie alles!

Meditation – eine Minute verlängern, Haltung verfeinern, andere Musik ausprobieren, Ort wechseln. Mikrooptimieren!

Schreiben – wechseln Sie den Ort, um die Kreativität anzuregen, nutzen Sie Apps, um Ablenkungen zu vermeiden, experimentieren Sie mit verschiedenen Stiften. Identifizieren und verbessern Sie kleine Faktoren.

Wenn Sie all diese detaillierten Details verfolgen und optimieren, steigert sich Ihre Gewohnheitsroutine exponentiell. Es passt alles zusammen!

Seien Sie jeden Tag 1 % besser

Bemühen Sie sich, Ihre Gewohnheiten jeden Tag auf kleine Weise um 1 % zu verbessern:

- Ein zusätzlicher Liegestütz

- Perfekte Meditationshaltung – Eliminieren Sie eine Ablenkung

- Stehen Sie 15 Minuten früher auf

Diese Mikrogewinne verstärken sich schnell. Bevor Sie es merken, werden Ihre Gewohnheiten durch unermüdliche Fortschritte von 1 % radikal verbessert.

Lassen Sie sich also von Spitzensportlern und ihrem zwanghaften Mikromanagement inspirieren. Schwitzen Sie die kleinen Dinge! Winzige Optimierungen führen schließlich zu gewaltigen Ergebnissen.

Langsame und stetige Gewohnheiten gewinnen das Rennen durch Schildkrötenmentalität

Wenn es um Gewohnheiten geht, ist eine langsame und stetige Konsequenz immer besser als intensive Sprints, auf die ein Burn-out folgt. Wir müssen diese weise alte Schildkrötenmentalität kanalisieren.

Es ist leicht, den Eifer zu übertreiben und zu versuchen, vor den Toren in den Vollhasen-Modus zu wechseln. Sie machen intensiv eine Diät oder trainieren voller Motivation und sind fest entschlossen, dass dieses Mal anders sein wird!

Aber seien wir ehrlich: Diese ehrgeizige Intensität hält nie an. Nach ein oder zwei Wochen sind Sie fertig und bereit, das Handtuch zu werfen. Hart und schnell zu gehen, geht nach hinten los.

Die Schildkröte weiß es besser. Er geht es langsam und mit ruhiger, stetiger Entschlossenheit an. Winzige, inkrementelle Fortschritte Tag für Tag.

Es mag auf den ersten Blick quälend langsam erscheinen, während es sich langsam der Ziellinie nähert. Aber die Schildkröte schafft es schließlich durch disziplinierte Konsequenz.

Wenden Sie dies auf Ihre Gewohnheiten an. Konzentrieren Sie sich nicht sofort auf schnelle Veränderungen oder große Zahlen. Nehmen Sie es Schritt für Schritt mit täglich geübten Mikrogewohnheiten vor.

Machen Sie sich also auf lange Sicht bereit. Seien Sie 1 % besser durch erreichbare Mikrogewohnheiten im Vergleich zu intensiven Ausbrüchen. Der Fortschritt wird stetig zunehmen.

Entwickeln Sie Disziplin und Geduld, um Gewohnheiten über Jahre hinweg aufrechtzuerhalten. Compounding entfaltet seine Wirkung im Hintergrund, wenn Sie einfach dabei bleiben!

Vertrauen Sie dem Prozess – bleiben Sie dabei, auch wenn Sie keine Ergebnisse sehen

Okay Leute, das ist einer der schwierigsten, aber kritischsten Denkweisenwechsel, damit Gewohnheiten Klick machen: Dem Prozess vertrauen.

Manchmal können Sie gewissenhaft an Ihren Mikrogewohnheiten festhalten, sehen aber nach ein oder zwei Monaten immer noch keine offensichtlichen Fortschritte. Das ist normal! Bleiben Sie geduldig und bewahren Sie den Glauben.

Es braucht Zeit, bis sich winzige Gewinne dramatisch verstärken. Aber sie entstehen im Hintergrund, auch wenn es tagtäglich unsichtbar erscheint.

Ihre Bemühungen häufen sich stillschweigend – diese Mikrogewohnheitsvertreter legen den Grundstein. Auch wenn Sie noch keine Veränderungen bemerken, werden die Nervenbahnen verkabelt.

Die Konsistenz bereitet jetzt die Voraussetzungen für spätere massive Ergebnisse. Aber man muss dem Prozess vertrauen. Lassen Sie sich nicht frühzeitig von unsichtbaren Fortschritten entmutigen.

Vielleicht haben Sie zum Beispiel einen Monat lang jeden Tag eine Minute meditiert. Einfach richtig? Aber Sie fühlen sich immer noch gestresst und zerstreut.

Scheint noch nicht zu „funktionieren"! Aber haltet Kurs. Nach einem Jahr werden Sie plötzlich feststellen, dass Sie sich Stunden der Achtsamkeit erarbeitet haben. Bleib einfach dabei!

Oder einen Liegestütz pro Tag machen – erscheint zunächst sinnlos. Aber bleiben Sie dran, und nach Monaten werden Sie schockiert sein über die Stärke, die Sie durch pure Konsequenz aufgebaut haben.

Der verstärkende Effekt braucht Zeit, bis er sichtbar wird. Aber Mikrogewohnheiten führen heute auf lange Sicht zu unglaublichen Erfolgen.

Machen Sie also weiter mit diesen kleinen Routinen, auch wenn es scheinbar keine Fortschritte gibt. Vertrauen Sie auf den Prozess! Die Ergebnisse werden Sie schon bald umhauen.

Bleiben Sie einfach mit ein wenig Konsequenz auf Kurs. Ihre Kleinstbemühungen bereiten Sie im Stillen auf Großes vor. Vertrauen Sie dem Prozess – Schritt für Schritt!

Jerry Seinfeld hat das Comedy-Spiel durch Mikrogewohnheiten geknackt

Wenn es um Comedy-Könige geht, steht Jerry Seinfeld an erster Stelle. Wie hat Mr. Bee Movie den Höhepunkt komödiantischer Größe erreicht? Du hast es erraten – kleine Gewohnheiten, Baby!

Sehen Sie, die meisten Stand-up-Neulinge versuchen die Strategie des schnellen Aufstiegs: Buchen Sie die größten Clubs, erstellen Sie so schnell wie möglich ein einstündiges Special und beten Sie, dass Sie schnell entdeckt werden.

Und sie erlöschen noch schneller. Comedy erfordert Geschick und Handwerk braucht Gewohnheiten. Jerry wusste das.

Während andere über Nacht um Ruhm kämpften, konzentrierte sich Jerry Nacht für Nacht darauf, sein Material an beschissenen offenen Mikrofonen zu verfeinern. Er hat die Grundlagen schonungslos geprobt.

Er machte kleine Schritte – 5 Minuten hier, 10 Minuten dort. Jerry hat jeden Witz perfekt auf den Punkt gebracht. Er zwickte und spannte unerbittlich.

Andere Comics hielten Jerrys Stil für zu albern und banal. „Wer will schon Witze über Müsli und Flugessen machen?" sie spotteten.

Aber Jerry hat verstanden, was wir in diesem Buch gepredigt haben – winzige Gewinne!

Mit genügend Wiederholungen wurden diese banalen Beobachtungen zu einem umwerfend prägnanten kulturellen Kommentar. Jerry hat die Grundprinzipien aus Gewohnheit in sein Gehirn eingebrannt.

Der Legende nach schrieb Jerry schon früh neue Witze und probte sie bis zu 200 Mal auf der Bühne, bis sie kugelsicher waren.

Zwei. Hundert. Mal. So entwickelt man Meisterschaft! Üben Sie die Mikrogewohnheiten und kleinen Erfolge immer wieder.

Jerry konzentrierte sich darauf, seine Fähigkeiten zu verbessern, nicht auf die Jagd nach Ruhm. Nachdem er zwölf Jahre lang seinen Stil in kleinen Comedy-Clubs verfeinert hatte, wurde er scheinbar über Nacht zu einer Sensation.

Aber wie wir wissen, basierte dieser Erfolg auf der Grundlage von Hunderten von Mikrogewohnheiten und Witzen, die bis zur Perfektion wiederholt wurden.

Schon bald buchte Jerry Stadionshows und drehte seine legendäre Sitcom über die albernen Kleinigkeiten des Lebens. Alles nur, weil er klein angefangen hat und ständig Gewohnheiten geübt hat.

Welche Gewohnheiten führten also zu Seinfelds Erfolg?

Jerry optimierte seinen gesamten Lebensstil für Comedy-Gewinne:

- Er schrieb täglich Witze, um ständig neues Material zu generieren

- Er testete jeden Abend Witze in Clubs, um Timing und Umsetzung zu verfeinern

- Er umgab sich mit lustigen Freunden, um sich auszutauschen

- Er bereiste das Land und gab Auftritte, um Erfahrungen in der realen Welt zu sammeln

- Er beobachtete das alltägliche Leben auf der Suche nach Witzideen und schrieb sie in winzige Notizbücher

- Er lebte schon früh ein mageres Leben, sodass er sich ausschließlich auf Comedy und nicht auf Geld konzentrieren konnte

- Für Jerry ging es nie um große Gesten oder den Erfolg über Nacht. Seine Gewohnheiten konzentrierten sich auf schrittweise tägliche Fortschritte – einen Witz schreiben, einen Teil testen, sein Können verfeinern.

Dies ermöglichte es Jerry, nicht nur Erfolg zu haben, sondern ihn auch jahrzehntelang als GOAT aufrechtzuerhalten. Konsistenz gewinnt auf lange Sicht immer.

Wenn Sie sich an eine Sache aus diesem Kapitel erinnern sollten

Fassen wir noch einmal die wichtigsten Erkenntnisse über die Macht des Zinseszinses für Gewohnheiten zusammen:

Die Aufzinsung funktioniert wie ein Schneeballeffekt: Fangen Sie klein an und steigern Sie sich mit der Zeit. Killer-Ergebnisse voraus!

Der Schlüssel liegt in der unerbittlichen Konstanz. Überspringen Sie keine Tage, sonst wird der Fortschritt auf Null zurückgesetzt.

Das Überspringen zerstört den Zinseszinszyklus. Für die Magie musst du den Vogel täglich füttern.

Wenn man sie auf Gewohnheiten anwendet, führen winzige Anstrengungen durch die Vermehrung schockierend schnell zu Ergebnissen.

Mit Geduld verändern diese Mikrogewohnheiten Ihren Körper und Ihre Fähigkeiten, bevor Sie es merken. Aber man muss an den Prozess glauben.

Haben Sie Vertrauen, wenn Sie nach einem Monat keine offensichtlichen Ergebnisse sehen. Ihre Bemühungen häufen sich stillschweigend ... die Wirkung braucht Zeit.

Denken Sie auch an geringfügige Gewinne – winzige Optimierungen führen auf lange Sicht zu enormen Vorteilen.

Compoundieren erfordert eine Schildkrötenmentalität. Langsame und beständige Gewohnheiten übertreffen kurze Ausbrüche.

Vertrauen Sie dem Prozess und haben Sie Vertrauen. Ihre Mikrogewohnheiten von heute führen morgen zu bemerkenswerten Ergebnissen!

Okay, wir haben die 4 Hauptzutaten abgedeckt – kleine Gewohnheiten, Stapeln, sozialer Druck, Zinseszinsen. Jetzt ist es an der Zeit, dies alles zusammenzustellen ...

Als nächstes werden wir untersuchen, wie wir diese Elemente zu einem integrierten System kombinieren können. Lass uns das machen!

Kapitel 5: Das System – Alles zusammenfügen

Okay Freunde, es ist Zeit, diese Kräfte wie Voltron zu kombinieren!

Wir haben die 4-Zutaten-Geheimformel für Sie zusammengestellt, mit der Sie Ihr Leben mit minimalem Aufwand verändern können. Schauen wir uns nun an, wie wir diese Elemente in einen nahtlosen, Voltron-ähnlichen Megaroboter der Produktivität integrieren können!

Individuell sind winzige Gewohnheiten, Stapelung, sozialer Druck und die Verschärfung allesamt mächtig. Aber zusammen bilden sie ein unaufhaltsames System, um Ihren Lebensstil durch Mikroaktionen zu etwas Großem zu führen.

Lass mich dir ein Bild malen...

Die Einrichtung

Zuerst fängt man ganz klein an. Ich spreche von peinlich kleinen Gewohnheiten – ein Liegestütz, eine Minute Lesen, ein aufgezeichneter Satz.

Es ist lächerlich einfach, diese Mikroveränderungen Tag für Tag einzuhalten. Und sie nehmen stetig Fahrt auf.

Als Nächstes ordnen Sie diese Mini-Gewohnheiten zu Kaskaden an. Machen Sie nach Ihrem Morgenkaffee die Liegestütze. Meditieren Sie nach den Liegestützen eine Minute. Lesen Sie nach der Meditation eine Seite. Sehen Sie, wie sich die Dynamik aufbaut?

Um es noch besser zu machen, sagen Sie es Ihren Freunden! Teilen Sie Ihre kleinen Gewohnheitsziele in den sozialen Medien. Treten Sie

Online-Gruppen bei. Entfachen Sie das Feuer unter Ihrem Hintern durch Verantwortung.

Nun die Magie: Behalten Sie einfach jeden Tag diese Mini-Gewohnheiten bei, egal wie klein sie erscheinen. Denn sie werden mit der Zeit garantiert zu schockierenden Ergebnissen führen.

Wie alles zusammenkommt

Wenn es richtig gemacht wird, werden diese Elemente zu einem System kombiniert, das auf Autopilot läuft. So sieht es aus:

Die Phase der kleinen Gewohnheiten verringert den Widerstand, sodass die Konsistenz einfach ist. Sie zögern nicht mit einem Liegestütz oder einer Minute Lektüre! Und Mikrogewinne motivieren schneller als große Ziele.

Durch das Stapeln von Gewohnheiten werden Kaskaden entwickelt, die Reibung und Entscheidungsfindung beseitigen. Ihre sequenziellen Routinen fließen ohne nachzudenken ineinander über.

Sozialer Druck sorgt dafür, dass Sie durch Verantwortung ehrlich bleiben. Sie können nicht aufgeben, wenn Ihre Kollegen Sie beobachten und anfeuern! Wettbewerb und Gemeinschaft entwickeln sich.

Und die Aufzinsung funktioniert hinter den Kulissen. Diese kleinen Gewohnheiten führen zu Ergebnissen und verändern Ihr Leben heimlich über Wochen, Monate und Jahre hinweg.

Bevor Sie es merken, haben Sie Ihr Gehirn dazu verleitet, Killergewohnheiten zu entwickeln, indem Sie sich jeden Tag 1 % mehr in die richtige Richtung bewegen.

Es erfordert eine sorgfältige Planung, aber sobald das System gut konzipiert ist, läuft es auf Autopilot. Es wird zu einer mühelosen Voltron-ähnlichen Ansammlung kleiner Gewohnheiten, die Ihren gesamten Lebensstil verändern.

Bauen Sie das System für Ihr Leben auf

Offensichtlich wird diese genaue Formel nicht für jeden funktionieren. Jeder von uns braucht ein einzigartiges System, das auf unsere Ziele und unsere Persönlichkeit zugeschnitten ist.

Aber nutzen Sie dies als Ihre Blaupause – beginnen Sie mit Mikro, bauen Sie Gewohnheiten auf, holen Sie sich verantwortliche Partner, vertrauen Sie dem Compoundierungsprozess.

Denken Sie über Ihren eigenen Lebensstil und Ihre Bedürfnisse nach und gestalten Sie dann Ihr System entsprechend. Testen Sie verschiedene Abläufe und verantwortungsvolle Partnerschaften, bis Sie den richtigen Rhythmus gefunden haben.

Es mag einige Versuche und Irrtümer erfordern, aber wenn Sie die Formel erst einmal auf den Punkt gebracht haben, ist es wie ein magischer Fahrplan zur Selbstverbesserung durch Mikroschritte.

Unterschätzen Sie nicht die Kraft kleiner, konsequenter Maßnahmen. Sie scheinen zunächst trivial zu sein, aber die Übung zahlt sich mit der Zeit exponentiell aus.

Pflanzen Sie diese Samen durch winzige Gewohnheiten + kluge Reihenfolge + sozialen Druck + Komprimierung = Sie werden zur großartigsten Version Ihrer selbst heranwachsen, bevor Sie es merken!

Alles klar, Team, damit ist unser Gewohnheitshacking-Abenteuer abgeschlossen! Werden Sie jetzt aktiv und fangen Sie an, Ihr Leben nach und nach dorthin zu steuern, wo Sie es haben möchten.

Du schaffst das. Seien Sie geduldig, vertrauen Sie dem Prozess und glauben Sie an die komplexen Mikroveränderungen, die Sie täglich vornehmen.

Ich verlasse Sie mit diesem letzten Gedanken der großen Philosophin Julia A. Carney: „Kleine Wassertropfen, kleine Sandkörner, machen den mächtigen Ozean und das wunderschöne Land. "

Sie bauen bereits Ihren Berg, Stein für Stein. Stapeln Sie weiter meine Freunde!

Abschluss

Freunde, wir haben es geschafft! Zerstöre jetzt das Leben mit deinen neuen Superkräften

Verdammt, Leute, wir haben es endlich bis zum Ende dieser wilden Achterbahnfahrt zum Gewohnheitshacken geschafft! Es war eine ziemlich lange Reise – wie in einem Pixar-Film mit R-Rating, voller kitschiger Sprache und ohne Sicherheitsgurte.

Aber wir haben überlebt! Und jetzt sind Sie mit all den hinterhältig einfachen Geheimnissen ausgestattet, mit denen Sie Ihr Leben ohne falsche Willenskraft verbessern können. Gut gemacht, Champion! Im Ernst, riesige Requisiten.

Gönnen Sie sich einen herzlichen Klaps auf die Schulter. Oder noch besser: Machen Sie einen feierlichen Liegestütz, weil Sie dieses Buch vernichtet haben! Rufen Sie dann Ihre Mutter an und teilen Sie ihr mit, dass Sie endlich ein Selbsthilfebuch fertiggestellt haben. Sie wird so stolz sein, dass sie Ihnen vielleicht sogar 20 $ per Post schickt!

Aber im Ernst: Nehmen Sie sich einen Moment Zeit, um Ihre Leistung voll und ganz auf sich wirken zu lassen. Das Lesen dieser bahnbrechenden Konzepte war der einfache Teil. Jetzt beginnt die eigentliche Arbeit mit der tatsächlichen Anwendung dieser Gewohnheits-Hacks.

Aber wenn Sie handeln, wird sich Ihr Leben so schnell verändern, dass Ihnen der Kopf schwirrt wie bei dem verrückten Dämonenkind aus „Der Exorzist". In einem Jahr werden Sie der Produktivitätsmeister sein, den Freunde um Rat betteln.

Also geh raus und gewinne im Leben! Bauen Sie diese Mikrogewohnheiten auf. Umgeben Sie sich mit Hype-Biesten. Haben

Sie Vertrauen in den Prozess. Und beweisen Sie den Hassern und Ihren eigenen Selbstzweifeln das Gegenteil.

Ich glaube zu 100 % an euch! Wir sind vielleicht völlig Fremde, aber die Lektüre dieses Buches beweist, dass Sie bereits den Hunger und die Neugier haben, die Sie brauchen, um eine höhere Stufe zu erreichen. Jetzt ist es an der Zeit, das großartige Leben zu beanspruchen, das Sie verdienen.

Erlauben Sie sich, sich das unglaubliche zukünftige Selbst, das diese Gewohnheiten aufbauen werden, lebhaft vorzustellen und sich darüber zu freuen. Lassen Sie sich von dieser Vision jeden Tag voranbringen.

Die disziplinierte, erfüllte und erfolgreiche Person, von der Sie träumen, verlässt sich darauf, dass Sie sich dafür einsetzen. Mit einer kleinen Angewohnheit nach der anderen erschließen Sie Ihr wahres Potenzial. Wie verdammt cool ist das?

Okay, genug Saftigkeit. Gehen Sie hinaus und dominieren Sie! Dies ist deine Zeit zu glänzen, Kumpel. Schalten Sie ein und treten Sie in die Beute! Dafür bist du geboren.

Ich wünsche Ihnen eine epische Reise voller zunehmender Gewinne, nahtloser Gewohnheitsdynamik, sozial motivierter Motivation und 1 % täglichem Fortschritt. Du hast das so verdammt verstanden!

Was mich betrifft, ich mache mich auf den Weg, um in die Tat umzusetzen, was ich predige. Ich muss diese Mikrogewohnheiten ablegen ... einen winzigen Schritt nach dem anderen auf dem Weg zu meinen eigenen großen, haarigen, kühnen Zielen.

Aber im Ernst: Ich danke Ihnen von ganzem Herzen, dass Sie dieses Abenteuer zur Gewohnheitsänderung mitgemacht haben.

Okay, genug Saftigkeit. Dominieren Sie! Dies ist Ihre Zeit.

Wenn Sie mich jetzt entschuldigen würden, ich muss ein paar kleine Angewohnheiten üben ... einen Liegestütz nach dem anderen.

Bleiben Sie dran, Freunde! Bis wir uns wieder treffen.

Warum ich die Gewohnheits-Hacks teilen musste, die mein Leben veränderten

Okay Leute, bevor wir uns trennen, lasst uns einen Moment zur Realität werden. Es ist an der Zeit, den Vorhang zu lüften und zu sehen, was mich überhaupt dazu inspiriert hat, dieses verrückte Habit-Hacking-Manifest zu schreiben.

Lassen Sie mich zunächst die Entstehungsgeschichte erzählen, die dieses Buch inspiriert hat. Alles begann vor ein paar Jahren, als ich bemerkte, dass einige Freunde Probleme hatten. Und damit meine ich nicht dramatisches „Kämpfen", sondern einfach das Gefühl, irgendwie festzustecken.

Sehen Sie, oberflächlich betrachtet hatten diese Leute alles – tolle Jobs, Beziehungen, Spielzeug und Urlaub. Sie projizierten ein Bild des Erfolgs.

Aber hinter den Kulissen kämpften sie mit mangelnder Motivation, Stress und dem Gefühl, nichts zu tun zu haben. Mir wurde klar, dass selbst „erfolgreiche" Leute sich wie Betrüger fühlten.

In der Zwischenzeit war ich seltsam zufrieden. Ich hatte Energie, Orientierung und solide Routinen. Aber definitiv keine Yacht! Bald vielleicht...

Was war mein Geheimnis? Die Gewohnheits-Hacks, die wir hier behandelt haben! Winzige Veränderungen führten im Laufe der Zeit zu gewaltigen Ergebnissen.

Freunde sagten, die Verwirklichung ihrer Träume sei unmöglich. Aber ich wusste, dass kleine, konsequente Maßnahmen sie dorthin bringen könnten.

Deshalb habe ich einen kleinen Leitfaden zu Gewohnheiten geschrieben, den ich mit meinem inneren Kreis teilen möchte. Sie brauchten Hilfe und harte Liebe.

Ich habe die wichtigsten Taktiken dargelegt: Mikro starten, Dynamik aufbauen, Verantwortung übernehmen. Ich erklärte, wie sich kleine Schritte zusammenfügen.

Und es hat funktioniert! Die Denkweisen und Lebensstile der Freunde veränderten sich innerhalb weniger Monate nach der Anwendung der Strategien.

Ein Kumpel Jose blieb bis 3 Uhr morgens wach und scrollte, optimierte dann aber seinen Schlaf, seine Ernährung und seine Konzentration durch Mikrogewohnheiten. Bald wurde er bei der Arbeit zweimal befördert.

Eine andere Freundin, Sofia, hätte nie gedacht, dass sie eine Diät durchhalten könnte. Aber kleine Ernährungsumstellungen und die Verantwortung von Gleichaltrigen halfen ihr, stetig 40 Pfund abzunehmen.

Als ich die Auswirkungen sah, wurde mir klar, dass ich ein richtiges Buch über diese Gewohnheits-Hacks schreiben musste, die mein Leben veränderten, und es mit der Welt teilen musste.

Mit diesem Buch möchte ich die Gewohnheitsänderung auch für normale Menschen zugänglich machen, die keinen Bezug zu intensiven Guru-Ratschlägen haben.

Fangen Sie einfach klein an und seien Sie geduldig. Konstanz zahlt sich aus. Ich bin hier, um Sie zu motivieren und zum Lachen zu bringen!

Okay, genug Aufrichtigkeit. Lasst uns das Leben zerstören! Ich glaube an euch. Zeig mir, was in dir steckt ;)

Sie brauchen mehr Wissen über Gewohnheiten in Ihrem Leben! Schauen Sie sich diese epischen Lektüre an

Ich weiß, dass einige von euch Bestien dieses Buch zu Ende lesen werden, weil sie nach weiteren Informationen über diese süßen, süßen Gewohnheiten suchen. Kein Urteil! Lernen macht süchtig.

Zu Ihrem Glück habe ich eine Masterliste der epischsten Gewohnheits-Hack-Bücher, die es gibt, um Ihre Nerd-Fähigkeiten zu fördern. Holen Sie sich Hype!

„Atomic Habits" von James Clear

Dies ist die unbestrittene Bibel für alles, was mit Gewohnheiten zu tun hat. James Clear erläutert die Psychologie und Neurowissenschaft, die dahintersteckt, wie man tatsächlich dauerhafte Gewohnheiten aufbaut.

Sie erfahren, wie Sie Ihre Gewohnheitsschleifen durchbrechen, wie kleine Veränderungen zu Ergebnissen führen und praktische Strategien, um dies in Ihrem Leben umzusetzen. Es ist wie ein Doktortitel in Gewohnheitsmechanik!

Das Buch geht tiefgründig, erklärt die Dinge aber auf einfache Art und Weise – nichts von diesem komplizierten Akademismus. Und es ist vollgepackt mit spannenden Beispielen aus der Praxis, wie diese Taktiken für Sportler, Unternehmen und mehr funktionieren.

Wenn Sie nur noch ein weiteres Gewohnheitsbuch lesen (aber seien wir ehrlich, Sie wissen, dass Sie es nicht tun werden), dann machen Sie es dieses!

„Die Macht der Gewohnheit" von Charles Duhigg

Ein OG-Klassiker! Duhigg erforscht, warum unsere Gewohnheiten existieren und wie sie 40 % unserer täglichen Entscheidungen beeinflussen. Manchmal sind wir nur Eidechsen ohne Gehirn, die programmierten Sequenzen folgen, ohne es zu merken.

Aber die gute Nachricht ist, dass Sie Ihre gewohnten Denkmuster umprogrammieren KÖNNEN, indem Sie die Gewohnheitsschleife durchbrechen. Duhigg erläutert, wie Sie Ihre Auslöser, Routinen und Belohnungen identifizieren und ändern.

Dieses Buch wird Sie mit wissenschaftlich fundierten Erkenntnissen über menschliches Verhalten aufklären. Aber keine Sorge, es ist überhaupt nicht trocken. Duhigg packt es mit faszinierenden Fallstudien von echten Organisationen, die Gewohnheiten ändern.

Am Ende werden Sie voller Ideen sein, wie Sie Ihre Gewohnheiten ändern können, um erfolgreich zu sein. Versuchen Sie einfach, die Leute nicht durch die Analyse all ihrer unbewussten Tics in Panik zu versetzen!

„Hooked" von Nir Eyal

Okay, verurteilen Sie mich nicht zu hart, weil ich Ihnen dieses hier empfehle! Ja, es ist ein Leitfaden für die Entwicklung gewohnheitsbildender Produkte und Dienstleistungen, um Menschen süchtig zu machen.

Aber es ist auch super faszinierend, genau zu verstehen, wie Technologieunternehmen mit Belohnungsschleifen und variabler Verstärkung heimlich „klebrige" Benutzergewohnheiten aufbauen.

Sobald Sie ihre Tricks kennen, können Sie verhindern, dass Sie selbst in ungesunde Gewohnheiten verfallen. Und vielleicht lernen Sie einige überzeugende psychologische Taktiken kennen, die Sie in Ihrem eigenen Leben anwenden können ;)

„Habit Stacking" von SJ Scott

SJ Scott ist wie der MacGyver des Habit Hacking. Auf kreative Weise kombiniert er kleine Veränderungen zu bedeutenden Verbesserungen des Lebensstils.

Das Buch bietet 97 Ideen für Mikrogewohnheiten, die Sie kombinieren und kombinieren können. Essen Sie zum Beispiel täglich ein Gemüse. Sprechen Sie täglich mit einem Fremden. Gehen Sie nach jeder Mahlzeit 100 Schritte. Winzige Schichten, die gut zusammenpassen.

Scott hält die Dinge einfach und zeigt Ihnen gleichzeitig, wie Sie optimierte Kaskaden entwerfen. Sie lernen, körperliche, geistige, emotionale und soziale Mikrogewohnheiten miteinander zu verknüpfen, um maximale Ergebnisse zu erzielen.

Im Grunde entledigt sich dieses Buch jeder Ausrede, dass Veränderungen groß und überwältigend sein müssen. Du schaffst das!

„Tiny Habits" von BJ Fogg

Der OG-Pionier der „Start Tiny"-Philosophie! BJ Foggs Arbeit in Stanford hat gezeigt, wie man mit kleinen Schritten Gewohnheiten aufbauen kann – solange man das richtige Timing und die richtigen Auslöser hat.

Er entwickelte die Tiny Habits®-Methode, die in ihrer Einfachheit genial ist. Allein das Anknüpfen neuer Gewohnheiten an ein bestehendes Alltagsverhalten führt dazu, dass sie haften bleiben.

Zum Beispiel Kniebeugen machen, nachdem man den Mantel aufgehängt hat, wenn man nach Hause kommt. Foggs Buch beleuchtet, wie klein der Weg des geringsten Widerstands ist, wenn es darum geht, Routinen zu schaffen oder zu stören.

Sie werden lernen, die Kraft der kleinen Dinge zu schätzen. Nach dem Lesen werden Sie nie wieder übersehen, dass winzige Ameisen Ihre Küche besiedeln!

„Switch" von Chip & Dan Heath

Wenn das Lesen dieses Gewohnheitsbuchs Ihre persönliche Revolution ausgelöst hat, ist Switch die perfekte Fortsetzung. Es befasst sich eingehend mit der Frage, wie man tatsächlich Veränderungen herbeiführt, wenn das Leben verrückt ist.

Die Heath-Brüder sind Experten darin, Wissenschaft spannend zu gestalten. Sie erläutern, wie Sie Ihren mentalen „Reiter" steuern, Ihren emotionalen „Elefanten" motivieren und Ihr Umfeld für den Erfolg gestalten.

Dieses Buch bietet großartige Einblicke in die Überwindung von Trägheit, den Umgang mit Emotionen und die Schaffung neuer Nervenbahnen. Es ist wie „Inside Out meets Inception" – ein Gedankentrip, um sich selbst zu einer positiven Veränderung zu verleiten.

Schon bald werden Sie Ihre Routine auf Autopilot umstellen, indem Sie Ihre Psyche hacken. Nimm dieses faule Gehirn!

„The Compound Effect" von Darren Hardy

Okay, Zeit für etwas harte Liebe. Dieses Buch von Erfolgsguru Darren Hardy ruft Sie dazu auf, nach schnellen Lösungen statt nach zusammengesetzten Gewinnen zu suchen. Autsch...

Aber genau das brauchen wir manchmal! Hardy liefert ein Beispiel nach dem anderen, wie kleine, langweilige Gewohnheiten über Jahrzehnte hinweg zu gewaltigen Ergebnissen führen.

Sie erfahren, wie Sie durch den täglichen Verzehr eines Apfels über 100 Pfund abnehmen können. Wie das Lesen von nur 30 Seiten pro Tag Sie zum Experten machen kann. Wie aus Pennys und Nickels Millionen werden können.

Im Grunde wird damit alles, worüber wir gesprochen haben, mit Beständigkeit, inkrementellen Gewinnen und nicht mit der Erwartung eines Erfolgs über Nacht auf den Punkt gebracht. Das haben Sie verstanden, aber es braucht Zeit und Mikrogewohnheiten!

„Besser als zuvor" von Gretchen Rubin

Gretchen Rubin ist wie eine Gewohnheitsforscherin, die sich selbst studiert. Sie testete unermüdlich verschiedene Theorien zur Selbstverbesserung an sich selbst, um herauszufinden, was im wirklichen Leben tatsächlich funktioniert.

Das Ergebnis ist ein unglaublicher Rahmen dafür, wie wir unsere Muster hacken können, um produktiver, kreativer, gesünder und glücklicher zu sein.

Sie lernen Taktiken, die darauf basieren, ob Sie ein Abstinenzler, ein Moderator oder ein Rebell in Bezug auf Gewohnheiten sind. Und wie Sie basierend auf Ihrem Stil Verantwortlichkeit schaffen, Rituale einleiten, mit Prokrastination umgehen und vieles mehr.

Rubin hält es anhand von Geschichten, in denen sie die Strategien zunächst in ihrem eigenen Leben erprobt hat, nachvollziehbar und umsetzbar. Machen Sie sich bereit für eine Gewohnheits-Achterbahnfahrt!

„Mindset" von Carol Dweck

Bevor wir überhaupt über die Änderung Ihrer Gewohnheiten sprechen können, müssen Sie laut Mindset Ihr grundlegendes Glaubenssystem aktualisieren. Sind Sie fest entschlossen oder wachstumsorientiert?

Dweck erklärt, wie die Annahme einer Wachstumsmentalität, bei der Sie glauben, dass Sie sich verbessern können, der Schlüssel zur Entfaltung Ihres Potenzials ist. Es schafft den mentalen Rahmen für die nachhaltige Änderung von Gewohnheiten.

Dieses Buch wird Sie durch Recherchen und Geschichten über Menschen begeistern, die den Wachstumsansatz nutzen, um im Sport, in der Wirtschaft, in der Wissenschaft und darüber hinaus Großes zu erreichen.

Auf den ersten Blick scheint es vielleicht nicht direkt anwendbar zu sein, aber die richtige Denkweise ist die Grundlage, die Ihren Gewohnheiten Raum zum Entfalten gibt. Lesen Sie dies!

„Willpower" von Roy Baumeister

Laden Sie zu guter Letzt Ihre Willensreserven mit diesem wissenschaftlich fundierten Buch über Selbstkontrolle auf. Sie können nur so vielen Cookies und Insta-Pings widerstehen, bevor Ihr Ego erschöpft ist!

Aber wenn Sie besser verstehen, wie Willenskraft als begrenzte tägliche Ressource funktioniert, können Sie sie optimieren und für Gewohnheiten nutzen.

Sie erfahren, wie Sie Ihre Willenskraft fördern, Entscheidungsmüdigkeit reduzieren, Gruppenzwang nutzen und Ihre mentale Energie optimal nutzen können. Stellen Sie sich das wie einen Sportler vor, der den Muskel der Selbstdisziplin trainiert.

Sie benötigen eine Möglichkeit, Ihre Gewohnheiten zu verfolgen. Verwenden Sie diese einfache Vorlage

Möchten Sie mit Ihrem Gewohnheitsspiel das nächste Level erreichen? Schnappen Sie sich Ihren Stift und den Basteltisch, es ist Zeit, einen Gewohnheits-Tracker zu bauen, Baby!

Mit diesem bösen Jungen können Sie Ihre Fortschritte akribisch dokumentieren, wie ein Wissenschaftler, der ein seltenes Paarungsritual beobachtet.

Ordnen Sie zunächst Ihre Spaltenüberschriften oben an – an allen sieben Tagen der Woche, vom Sonntag, dem Feiertag, bis zum Samstag, dem Shindig.

Schreiben Sie dann auf der linken Seite die spezifischen Gewohnheiten auf, die Sie verfolgen möchten – etwa 10 Liegestütze zu machen, sich an Ihre Paleo-Diät zu halten oder Wutausbrüche auf Twitter zu vermeiden.

Dadurch entstehen übersichtliche Boxen für jede Gewohnheits-/Tageskombination. Hier kommt nun der spaßige Teil:

Füllen Sie jeden Tag die Kästchen aus, um zu notieren, ob Sie jede Gewohnheit erfüllt haben oder spektakulär gescheitert sind. Häkchen für Erfolg, X für Misserfolg!

Ihre Tabelle wird zu einer Datenkarte der Adhärenz und des Rückfalls. Genießen Sie die Erfolge Ihrer kleinen Gewohnheiten und analysieren Sie die Fehler.

Mit diesem Tracker können Sie auch Muster erkennen. Vielleicht lösen Sie sich montags und freitags auf. Es ist Zeit, die Truppe für soziale Verantwortung zusammenzustellen!

Also zücken Sie Ihre Stifte und umarmen Sie den Kartographen in Ihnen. Dokumentieren Sie sorgfältig Ihre Gewohnheitsreise – die Siege, die Misserfolge, alles!

Aufruf an alle Buch-Nerds – Ihre Mission, sollten Sie sie annehmen …

Willkommen, mein Gewohnheitshacker! Nachdem Sie mich nun auf dieser verrückten Odyssee der Selbstverbesserung begleitet haben, möchte ich Sie nur noch um einen kleinen Gefallen bitten.

Ganz im Sinne des „Pay-it-Forward" wäre es super, wenn Sie sich die Zeit nehmen könnten, eine ehrliche, positive Bewertung über Ihre Erfahrungen mit diesem Buch abzugeben. Ich weiß, ich weiß – hör mir einfach zu!

Sehen Sie, Ihr Feedback hat mehr Kraft, als Sie denken. Wenn Sie sich eine Minute Zeit nehmen, um Ihre positiven Gedanken mitzuteilen, erhalten Sie einen enormen Erfolg.

Positive Rezensionen signalisieren den mystischen Buchalgorithmen, dass diese Gewohnheitstipps echten Menschen (also Ihnen!) wirklich dabei helfen, ihr Leben zu verbessern.

Dadurch erhält das Buch mehr Sichtbarkeit, sodass auch andere von dem Wissen profitieren können. Ihre Bewertung verbreitet die Liebe.

Und Ihre einzigartige Perspektive kann zukünftigen Lesern den letzten Anstoß zum Handeln geben. Fühlen Sie sich wie eine Empfehlung eines vertrauenswürdigen Freundes?

Besonders für ein ausgefallenes kleines Indie-Buch wie dieses helfen Rezensionen enorm. Wenn es also Anklang fand und einen Mehrwert brachte, verstärken Sie bitte das Signal!

Das Ziel besteht darin, diese Gewohnheits-Hacks so vielen Menschen wie möglich zugänglich zu machen. Ihre Bewertung gibt Schwung.

Also aufrichtigen Dank, dass Sie überhaupt darüber nachgedacht haben.

Vorwärts und aufwärts, Freunde.